Franz Haymann

Der Begriff der Volontégénérale

Als Fundament der Rousseauschen Lehre von der Souveränität des Volks

Franz Haymann

Der Begriff der Volontégénérale
Als Fundament der Rousseauschen Lehre von der Souveränität des Volks

ISBN/EAN: 9783743615588

Hergestellt in Europa, USA, Kanada, Australien, Japan

Cover: Foto ©Thomas Meinert / pixelio.de

Weitere Bücher finden Sie auf **www.hansebooks.com**

DER
BEGRIFF DER VOLONTÉ GÉNÉRALE
ALS FUNDAMENT DER

ROUSSEAUSCHEN LEHRE
VON DER SOUVERÄNITÄT DES VOLKS.

INAUGURAL-DISSERTATION

ZUR

ERLANGUNG DER JURISTISCHEN DOKTORWÜRDE

MIT GENEHMIGUNG DER

HOHEN JURISTISCHEN FAKULTÄT

DER

VEREINIGTEN FRIEDRICHS-UNIVERSITÄT
HALLE-WITTENBERG

EINGEREICHT

UND NEBST DEN ANGEHÄNGTEN THESEN

MONTAG, DEN 4. OKTOBER 1897

ÖFFENTLICH VERTEIDIGT

VON

FRANZ HAYMANN,

REFERENDAR.

OPPONENTEN:

HERR REFERENDAR PABST,
HERR RECHTSKANDIDAT HERRMANN.

LEIPZIG,
VERLAG VON VEIT & COMP.
1897.

MEINER LIEBEN TANTE

FRAU

OBERLANDESGERICHTSRAT Dr. L. CREIZENACH

DARGEBRACHT.

Der Begriff der volonté générale als Fundament der Rousseauschen Lehre von der Souveränetät des Volks.[1]

Das Verständnis der Sozialphilosophie Jean Jacques Rousseaus wird ausschlaggebend bedingt durch die Einsicht in die letzte fundamentale Problemstellung, welche dieses System sich stellt. Man wird nun aber Rousseaus letzte Fragestellung niemals klarstellen können, solange man nicht die systematische Bedeutung eines bis dahin freilich kaum beachteten Grundelements dieser Lehre deutlich erkannt hat: die Bedeutung des Rousseauschen Naturrechts, des „droit naturel" im Ganzen dieser Philosophie.[2] Das Naturrecht, d. h. der Inbegriff der aus aus dem Prinzip des Wohls aller Gemeinschaftsgenossen erschlossenen Normen, setzet allen Menschen als solchen zwingende Pflichten, deren rechtliche Verbindlichkeit für Rousseau von vornherein außer Zweifel steht. So entstehet diesem Philosophen die Frage, unter welchen Bedingungen ein positives Recht, d. h. ein Gebot, dessen Inhalt nicht etwa auf ein Prinzip der Vernunft, sondern auf den Willen einzelner Machthaber letztlich sich gründet, neben diesem unwandelbaren Naturrecht als rechtlich verpflichtend bestehen kann. Denn ein Widerspruch dieser letzteren Normenart mit dem Naturrecht ist nach Rousseau gleichbedeutend mit rechtlicher Wirkungslosigkeit, mit Nichtigkeit im juristischen Sinn.

So erscheint die Möglichkeit eines positiven Rechts in dem Rousseauschen System von vornherein um so gefährdeter, als der Inhalt des droit naturel die Freiheit der Menschen gebietet. Nach Rousseau aber bestehet menschliche Freiheit nur solange, als der einzelne nicht gehindert wird, sein Handeln in Rücksicht auf sein eigenes Wohl einzurichten.

---

[1] Die folgenden Ausführungen sind ein Einzelabschnitt aus einer in aller Kürze selbständig erscheinenden größeren Schrift des Titels: Jean Jacques Rousseaus Sozialphilosophie. Die Citate sind entnommen der Ausgabe der „Oeuvres complètes de J. J. Rousseau", Francfort s/M. 1855/56. Verlag von H. Bechhold. C. s. bedeutet „Contrat social".

[2] Über Sinn und Inhalt des Rousseauschen droit naturel vgl. Kapitel 1 und 2 der demnächst erscheinenden Gesamtdarstellung.

Aber der Schöpfer des positiven Rechts ist selbst ein Mensch, dessen Handeln nach striktem Naturgesetz von der Maxime des eigenen Vorteils letztlich geleitet wird. Doch soll er vom Naturrecht als rechtlicher Herr anerkannt werden, so darf er die Freiheit der ihm Unterstellten nicht antasten, muß er nicht nur sein eigenes Wohl, sondern das Wohl aller Glieder der Gemeinschaft zum ausschlaggebenden Zielpunkt seiner Herrschaft nehmen. Die Möglichkeit eines solchen Gesetzgebers in der Welt der Erfahrung aufzuweisen, das ist Sinn und Aufgabe des Rousseauschen Begriffs von contrat social. Die Menschensatzung, welche dem Inhalt des contrat social entspricht, wird vom Rousseauschen Naturrecht als rechtlich bindend anerkannt.

Aber man könnte hier fragen, inwiefern denn eine strikte Erfüllung der Gebote des Rousseauschen Naturrechts das positive Recht nicht nur möglich mache, seine formale Gültigkeit als eines verpflichtenden Menschenbefehls verbürge, sondern auch zugleich dieses sittlich rechtfertige gegenüber solchen, welche die Urteile der Jurisprudenz über die formelle Rechtsgültigkeit bestimmter menschlicher Gebote garnicht bestreiten, sondern nur ihrerseits behaupten, daß solches formal rechtlich zwar verpflichtende Recht immerhin vom Standpunkt der Moral aus betrachtet in seinem besonderen Inhalt nicht selten schlecht und elend sei. Hierauf ist zu antworten, daß auch nach Rousseau die formale Rechtsbeständigkeit von Normen an und für sich für deren sittliche Güte noch keinen vollständigen Beweis erbringt. Aber freilich kann nicht geleugnet werden, daß Rousseau allen Normen, die er überhaupt als gültig anerkennt, in noch später näher zu besprechender Art eine sittliche Berechtigung zuerkennt.

Der scheinbare Gedankensprung findet seine Aufklärung in der Identität des Inhalts des Rousseauschen Naturrechts und der Rousseauschen Moral. Der Begriff der reinen menschlichen Natur wird von unserem Philosophen nicht nur verwendet als Methode der Aufstellung objektiver Gebote für alle menschliche Zwecksetzung überhaupt, sondern zugleich auch als grundlegendes Prinzip derjenigen Sätze, welche über die verpflichtende Kraft, d. i. die rechtliche Gültigkeit einer menschlich gesetzten Zwangsnormierung entscheiden. Darum bleiben Moral und Naturrecht ihrem Begriffe, d. h. ihrem Erkenntniszwecke nach, dennoch grundlegend nach Rousseaus Ansicht verschieden. Nur wird eben derjenige, welcher Menschen befiehlt, ohne ihre Freiheit anzutasten, nicht nur vom Naturrecht als Gesetzgeber, sondern zugleich auch von der Moral als gerecht wollender Herr anerkannt. Damit aber ist keine logische Abhängigkeit zwischen gültigem (lex lata) und gerechtem Recht (lex ferenda) behauptet, sondern nur der methodische Grund eingesehen, weshalb die beiden begrifflich verschiedenen Untersuchungsweisen, falls sie dasselbe Objekt in Erwägung ziehen, notwendig bei Rousseau in gewisser Art zu beiderseits bejahenden Urteilen führen müssen. Es ist daher ein sehr mißverständlicher Ausdruck, etwa zu sagen, daß nach unserem Philosophen die Moral über die rechtliche Gültigkeit menschlicher Befehlssatzung entschiede: das Ergebnis einer moralischen Untersuchung kann selbstverständlich deren Begriffe nach nur sittliche Billigung oder Mißbilligung sein, wohl aber kann die naturrechtliche Erwägung, welche nach der Rechtsgültigkeit der positiven Normierungsweise fragt, die Methode der Moral zu ihrer eigenen machen, wie dieses bei Rousseau in der That der Fall ist; dann ist ein sittlicher Befehl zugleich auch ein rechtlich bindender, nicht weil die Moral, sondern in letzter Linie eben das Naturrecht es also gewollt hat.

Auch innerhalb unserer positiven Jurisprudenz finden sich analoge Fälle. Welcher Jurist wollte behaupten, daß ein Teil unseres Privatrechts, das Erbrecht, als solches, auch über öffentlich rechtliche Dinge, wie etwa die Art der Thronfolge, maßgebend entschiede, weil das öffentliche Recht in eigener Machtvollkommenheit die Methode der privaten Vererbung gewisser Güter auch zur Normierung bestimmter in sein Ressort fallender Verfassungsfragen herübergenommen und verwendet hat?

Oder man denke etwa an die Lehre von den boni mores des gemeinen Pandektenrechts. Gewisse Verträge, die gegen die guten Sitten verstoßen, sind auch rechtlich ungültig. Liegt hier nicht auch auf dem Gebiet der Rechtsverhältnisse jener anmaßende Eingriff der Moral in die eigentümlich juristische Erwägungsweise vor, welche der positive Jurist, der es mit der Selbständigkeit seiner Wissenschaft ernst meint, als Verwechselung von lex lata und lex ferenda mit Recht perhorresziert? Nichts wäre irriger als solche Meinung, die etwa auch in dem positivrechtlichen Element der bona fides einen Übergriff der Ethik in die Jurisprudenz zu sehen vermeinen könnte, als wenn es hier die Ethik und nicht letztlich die positive Rechtsregel selber wäre, die unter Zuhilfenahme von Einzelsätzen der Moral in eigener Entscheidung über die juristische Beschaffenheit jener Rechtsverhältnisse entschiede!

Nun aber zurück zum Begriff von contrat social. Wir fanden als seine Aufgabe, eine Versöhnung herzustellen zwischen dem strikten Freiheitsgebot des Naturrechts und dem selbstherrlichen Geltungsanspruch eines jeden denkbaren positiven, von Menschen gesetzten Rechts. Der Schöpfer des „Discours" machte die ursprüngliche Menschennatur, die natürlichen Bestimmungsgründe der urwüchsigen Menschen, zum obersten Prinzip seiner Ethik; gemäß dieser psychologisch-empirischen Methode wird die Pflicht der Selbsterhaltung als erstes Moralgesetz behauptet; wer diesem Gesetz in vernünftiger Zwecksetzung gehorcht, ist frei, er wird, der natürlichen Stimme des Mitleids folgend, auch das Leben des Nebenmenschen achten, falls nicht die Pflicht der Selbsterhaltung in sicherer Überlegung das Gegenteil fordert.

Die Freiheit Rousseaus, welche das Naturrecht gebietet, hat an sich nichts gemein mit sozialer Unabhängigkeit, es ist die moralische Freiheit, die Freiheit von regellosen Trieben,[1] die Art der Zwecksetzung, welche in dem vernünftigen Gehorsam gegenüber dem Gesetze der Selbsterhaltung ihre oberste, allgemein gültige Einheit findet. Diese Freiheit ist denkbar schon im Naturzustand und heißt dort liberté naturelle, ihr Begriff widerspricht aber auch keineswegs logisch dem formalen Herrschaftsanspruch einer gebieterischen Menschensatzung, und solche Erwägung führt zu der Frage nach den Bedingungen der „liberté civile" als der grundlegenden Voraussetzung eines jeden (nach Naturrecht) möglichen positiven Rechts.

Damit freilich wird die Möglichkeit einer positiv rechtlichen Regelung in bestimmte Schranken notwendig eingeschlossen. Sollte aber eine gebieterische Menschensatzung möglich sein, welche die „liberté civile" verbürgt, so wäre sie zweifellos positives Recht, und weit entfernt, die Möglichkeit einer solchen durch sein striktes Gebot der Freiheit überhaupt zu verneinen, erklärt Rousseau das positive Recht selbst für ein Palladium der Freiheit. Wenn die Menschen im Naturzustand entartet sind, kann nur das positive Recht sie zur Freiheit erziehen.

Und damit lernen wir einen neuen Gesichtspunkt kennen, von dem aus die Moral die Zwangsherrschaft der menschlichen Satzung gutheißt:[2]

„Le passage de l'état de nature à l'état civil produit dans l'homme un changement très remarquable, en substituant dans sa conduite la justice à l'instinct, et donnant à ses actions la moralité

---

[1] „Quest-ce donc que l'homme vertueux? C'est celui qui sait vaincre ses affections; car alors il suit sa raison, sa conscience; il fait son devoir; il se tient dans l'ordre et rien ne l'en peut écarter. Jus-qu'ici tu n'etais libre qu'en apparence; tu n'avais que la liberté précaire d'un esclave, à qui l'on a rien commandé. Maintenant sois libre en effet; apprends à devenir ton propre maître: commande à ton coeur ô Emile, et tu seras vertueux." Emile l. 5 p. 134.

[2] Nous verrons, comment on est plus libre dans le pacte social que dans l'état de nature", Emile] l. 5, p. 158. Vgl. auch C. s. II, 4 letzt. Abs...
„il est si faux que dans le contrat social il y ait de la part des particuliers aucune renonciation véritable ... qu'au lieu d'une aliénation il n'ont fait qu'un échange avantageux ... de l'indépendance contre la liberté"...

qui leur manquait anparavant. C'est alors seulement que la voix du devoir succédant à l'impulsion physique et le droit à l'appétit, l'homme qui jusque-là n'avait regardé que lui-même se voit forcé d'agir sur d'autres principes et de consulter sa raison avant d'écouter ses penchants. Quoi-qu'il se prive dans cet état de plusieurs avantages qu'il tient de la nature, il en regagne de si grands, ses facultés s'exercent et se développent, ses idées s'étendent, ses sentiments s'ennoblissent, son âme toute entière s'élevè à tel point que si les abus de cette nouvelle condition ne le dégradaient souvent au-dessous de celle dont il est sorti, il devrait bénir sans cesse l'instant heureux qui l'en arracha pour jamais et qui d'un animal stupide et borné fit un être intelligent et un homme. On pourrait sur ce qui précède, ajouter à l'acquit de l'état civil la liberté morale qui seule rend l'homme vraiment maître de lui; car l'impulsion du seul appétit est esclavage et l'obéissance à la loi qu'on s'est prescrite, est liberté.[1]

Mit anderen Worten: Eine selbstherrliche Menschensatzung wird vom Naturrecht als bindende Rechtsnorm anerkannt, wenn sie ein Mittel ist, um das oberste Moralgesetz, das die Erhaltung menschlichen Lebens gebietet, zur sicheren Geltung unter den Unterworfenen zu bringen. Der souveräne Grundsatz, welcher in der Herrschaft des Gebieters verkörpert ist, er ist es, der seiner Herrschaft gültige

---

[1] C. s. I, 8. Diese Stelle allein anzuführen, dürfte schon genügen, um die folgende Auslassung von Gumplowicz („Rechtsstaat und Sozialismus" S. 280) als wenig begründet erscheinen zu lassen: „Wer also das Eigentum als die Quelle aller Übelstände ansieht und dessen Aufhebung anrät, muß auch den Mut haben, die Aufhebung der Staaten, und die Rückkehr zu den primitiven Zuständen wilder, in den Wäldern umherschweifenden Horden anzuraten, diesen traurigen Mut hatte in der That J. J. Rousseau." — Vgl. hiergegen vorläufig Rousseaus Brief an M. Philipolis (1755), tome III d. oeuvr. compl. p. 110: „Mais comment savez-sous, monsieur, que j'irais vivre dans les bois, si ma santé me le permettait plutôt que parmi mes concitoyens pour lesquels vour connaissez ma tendresse? Loin de rien dire de semblable dans mon ouvrage, vous y avez dû voir des raisons très fortes pour ne pas choisir ce genre de vie. Je sens trop en mon particulier, combien peu je peux me passer de vivre avec des hommes aussi corrompus que moi; et le sage même, s'il est est, n'ira par anjourd'hui chercher le bonheur au fond d'un désert. Il faut fixer quand on le peut, son séjour dans sa patrie pour l'aimer et la servir." — Man kann wohl annehmen, daß Gumplowicz den Vorwurf gegen Rousseau nicht aufrechthalten wird, falls die folgende Stelle in der Note 9 zum Discours bekannt wird: „Quoi donc? Faut-il détruire les sociétés, anéantir le tien et le mien et retourner vivre dans les forêts avec les ours? conséquence à la manière de mes adversaires que j'aime autant prévenir que de leur laisser la honte de la tirer." (tome III p. 93). Vgl. gegen die hier fragliche Auffassung auch Kant: „Anthropologie", 2. Teil E. Ausg. von Rosenkranz Bd. 7, II S. 267, 268.

Kraft verleiht; dem rechtlichen Gesetzgeber gehorchen, d. h. nach Rousseau keinem Menschen, sondern nur dem allgemein gültigen Gesetze unterworfen sein, dessen getreulicher Herold der rechtliche Gebieter seinem Begriffe nach sein und bleiben muß.

Der Inhalt des Gesellschaftsvertrages wird uns die Möglichkeit eines solchen Befehlshabers und damit die **Möglichkeit des positiven Rechts in der Welt der Erfahrung** aufweisen.

Daß freilich diese Frage vermöge der alten Theorie vom Unterwerfungsvertrag allein jedenfalls nicht befriedigend gelöst werden könnte, war für Rousseau von vornherein deutlich. Denn der Begriff des Volkes, das sich einem Machthaber unterwirft, setzt ja als soziale Gemeinschaft den Begriff der rechtlichen Regelung und Verbindung schon voraus. Hier sind schon sämtliche Individuen unter rechtlichen Regeln zusammengefaßt, insofern z. B. die Wahl eines Königs durch das Volk für jeden einzelnen, mochte er auch in der Minderheit sich befunden haben, schlechthin bindend sein sollte.

Mit anderen Worten: Es setzt die alte Theorie des Unterwerfungsvertrags, was Rousseau vielleicht schärfer erkannte, als mancher der Früheren, in dem Begriff des Volks schon einen (wenn auch nur provisorischen) Gesetzgeber voraus und kann daher zur Erklärung der Möglichkeit rechtlicher Normierung überhaupt mit Fug nicht verwandt werden.

Für Rousseau ist vielmehr das Volk das Prototyp einer **rechtlichen Gemeinschaft**, und seine grundlegende Frage nach der **Möglichkeit des positiven Rechts** erscheint häufig in der Form der Frage nach der Möglichkeit eines Volks.

„Avant donc que d'examiner l'acte par lequel un peuple élit un roi, il serait bon d'examiner l'acte par lequel un peuple est un peuple; car cet acte étant nécessairement antérieur à l'autre, est le vrai fondement de la société."[1]

Der contrat social hält dieses Programm getreulich inne, er zeigt die allgemeingiltige Art und Weise, unter der eine Summe von Menschen ein Volk werden kann und lehrt eben damit die Bedingungen der Möglichkeit rechtlicher Gemeinschaft überhaupt.

Aber soll man dieses Mittel gebrauchen, soll man zum Volk sich zusammenschließen? — Ja, antwortet Rousseau auch im „Contrat social", so gut wie im „Discours", die rechtliche Vereinigung ist das einzige Mittel gegen den sicheren Untergang des Menschengeschlechts.[2]

---

[1] C. s. I, 5, vgl. auch das folgende.

[2] C. s. I, 7: Je suppose les hommes parvenus à ce point, où les obstacles qui nuisent à leur conservation dans l'état de nature, l'emportent par leur

Es ist nun an der Zeit, daß wir den Inhalt des Gesellschaftsvertrags betrachten; denn die rechtliche Vereinigung findet nach Rousseau vermittelst eines gemeinsamen Beschlusses statt, einer „délibération publique"[1], und der Inhalt dieses Beschlusses betrifft den Abschluß des contrat social. Zunächst erhebt sich hier die Frage: Wer sind die Kontrahenten in dem pacte social? Einerseits jedenfalls die Individuen, deren soziale Vereinigung durch ihren gemeinschaftlich erklärten Willen, jenen Vertrag einzugehen, überhaupt erst ermöglicht wird.

Aber der Begriff des Vertrags erfordert einen Gegenkontrahenten, der die Erklärung jener, unter rechtliche Herrschaft treten zu wollen, entgegennimmt, und so den Abschluß eines Vertrags überhaupt erst ermöglicht. Der erklärte Wille, zu gehorchen, muß angenommen werden von einem Willen, zu herrschen. Die Formel des Gesellschaftsvertrags muß uns Aufschluß geben über den Träger dieses Herrscherwillens, über die Person des rechtlichen Machthabers schlechthin:

„Chacun de nous met en commun sa personne et toute sa puissance sous la suprême direction de la volonté générale; et nous recevons en corps chaque membre comme partie indivisible du tout."[2]

So wäre denn jener Herrscherwille gefunden, in seinem Träger der rechtliche Machthaber entdeckt, der Gegenkontrahent, den wir suchten, wir lernten ihn aus dem Inhalt des Vereinigungsbeschlusses kennen, es ist der Träger des „allgemeinen Willens", der „volonté générale".

Der geneigte Leser möge hier einen Augenblick anhalten, wir nannten zum ersten Male hier den Zentralbegriff der Rousseauschen Sozialphilosophie. Sein systematisches Verständnis ist nahezu identisch mit dem Verständnis Rousseauscher Sozialtheorie überhaupt. Scheint es nicht, als gäbe dieses rätselhafte Wort die Richtung an zu dem Ziele, nach dem wir so lange vergeblich ausspähten?

Und in der That, unsere Ahnung ist begründet, wir haben den Namen der Quelle entdeckt, aus der die Möglichkeit des positiven Rechts entstammt. Lassen wir uns nicht dadurch beirren, daß Rousseau seinen Leser zwingt, aus dem Verständnis des Ganzen seiner Philosophie die Begriffsbestimmung der „volonté générale" sich selbst erst zu erarbeiten. Wenn wir in dem schier unentwirr-

---

résistance sur les forces que chaque individu peut employer pour se maintenir dans cet état. Alors cet état primitif ne peut plus subsister; et le genre humain périrait, s'il ne changeait sa manière d'être."
[1] C. s. I, 7, 2. Absatz.
[2] C. s. I, 6.

baren Gemenge einer unsystematischen Anordnung schwer verständlicher Einzelthesen die Hoffnung auf einheitliche Erfassung des Ganzen aufgugeben gewillt sind und mit der Konstatierung von unlöslichen Widersprüchen von diesem wundersam angelegten Gebäude Rousseauscher Rechtsphilosophie resigniert Abschied zu nehmen im Begriffe stehen, dann möge den exakten Litterarhistoriker der Gedanke zu neuer Forschung anspornen, daß mit der Erkenntnis der systematischen Bedeutung und des klaren Gehalts der „volonté générale" der Schlüssel zu dem Verständnis dieser Philosophie endgiltig und unverlierbar gefunden ist!

Denn um es hier gleich vorwegzunehmen und als sicheren Gewinn der nun folgenden Untersuchung in Aussicht zu stellen: die klare Definition des allgemeinen Willens ist zugleich auch die begriffliche Charakterisierung einer möglichen, positiv rechtlichen Gesetzgebung, es ist das Kennzeichen jedweder rechtlichen Gewalt, das unvermeidliche Abzeichen der Souveränität.

„La volonté générale peut seule diriger les forces de l'état selon la fin de son institution."[1]

Die Souveränität bei Rousseau ist: „L'exercice de la volonté générale."[1]

Ein einziges Merkmal daher ist es, das nach dem Inhalt des Gesellschaftsvertrags den Willen des rechtlichen Gesetzgebers auszeichnet und bestimmt, sein Wille muß allgemein sein. Es fragt sich, was Rousseau unter diesem so unendlich häufig wiederkehrenden Wort in begrifflicher Schärfe ausdrücken und bezeichnen wollte.

Zunächst liegt es vielleicht am nächsten, anzunehmen, Rousseau habe unter dem allgemeinen Willen denjenigen verstanden, dessen konkreter Inhalt von der Gesamtheit oder doch der Mehrzahl der Mitglieder der zu gründenden Gemeinschaft geteilt und gebilligt würde. In diesem Falle könnte jede beliebige Zwecksetzung, welchen Inhalt sie auch haben und nach welcher Maxime sie auch erfolgt sein möge, Objekt des „allgemeinen Willens" sein, vorausgesetzt, daß nur der Wille der Mehrzahl der anderen (aus welchen Motiven auch immer) inhaltlich mit jener übereinstimmt, kurz die subjektive Willkür der Majorität wäre die souveräne Richterin darüber, ob einem Willen das Prädikat des Allgemeinen und eben damit die Befugnis rechtlich zu gebieten, zukomme oder nicht.

Man ist infolge der deutlichen Sprache[2] Rousseaus niemals

---

[1] C. s. II, 1, vgl. auch hier Emilie l. 5: „l'autorité souveraine n'étant autre chose que la volonté générale." Das Nähere über den Souveränitätsbegriff bei Rousseau vgl. später.

[2] Vgl. z. B.: „Pour qu'une volonté soit générale, il n'est pas toujours né-

auf den Gedanken verfallen, daß nach unseres Autors Ansicht zum Zustandekommen eines rechtlichen Gebots die ausnahmslose Willenseinheit sämtlicher Genossen notwendig sei, wohl aber hat man gemäß der eben dargelegten Äußerung in der volonté genérale Rousseaus die Sanktionierung der schrankenlosen Herrschaft einer beliebigen Majorität gemeinhin finden zu müssen geglaubt. Und in der That, unser Autor verdiente alle die Geringschätzung, mit der nicht selten gerade der Unberufenste am wenigsten gekargt hat, wenn diese radikale Fragestellung, von der alles ausgegangen war, in so kläglicher Inkonsequenz und Halbheit als Quelle des positiven Rechts die Möglichkeit einer beliebigen Majoritätsherrschaft als der Weisheit letzten Schluß angeben und behaupten wollte!

Wie? die Sklaverei sollte rechtlich ungültig nur sein, so lange ein Herr Menschen als Sachen behandelte, aber ihrer Qualität als bindendes positives Recht stände nichts mehr im Wege, sobald die Zahl der Sklavenhalter größer würde als die Zahl der Knechte?

Wir sahen es: Das Naturrecht gebot die Freiheit als Bedingung der Möglichkeit einer rechtlichen Unterwerfung überhaupt: doch war der frei zu nennen, dem die zufällige Übereinstimmung der subjektiven Willkür vieler bindende Pflichten zu setzen vermochte? So dürfte vielleicht schon die deutliche Vergegenwärtigung des Vorangegangenen genügen, um die Unhaltbarkeit dieser Auslegung nahezulegen, noch bevor wir an der Hand der Quellen selbst die richtige Begriffsbestimmung der volonté générale unternehmen.

Der „Contral social" wird uns hier selbst bei eifrigster und genauester Lektüre zu einem sicheren Ergebnis schwerlich führen; denn wie häufig auch immer dieser von vornherein scheinbar unfaßbare Begriff in Rousseaus rechtsphilosophischem Hauptwerk angewandt wird, immer wird er eben schon angewandt, überall aber die Bestimmung seiner Eigenart schon als bekannt vorausgesetzt.[1] Dagegen findet sich in der „économie politique", einem längeren wirtschaftspolitischen Aufsatz,[2] und zwar in dem für das Verständnis

---

cessaire qu'elle soit unanime" C. s. II, 2, Note 1, oder: „Ceci suppose, il est vrai, que tous les caractères de la volonté générale sont encore dans la pluralité." — „la voix du plus grand nombre oblige toujours tous les autres." C. s. IV, 2.

[1] Dies gilt in gewissem Sinne selbst für die schwierige und stetig mißverstandene Stelle in C. s. II, 3, die mit den Worten beginnt: „Il y a souvent bien de la différence entre la volonté de tous et la volonté générale." Bezüglich des richtigen Verständnisses dieser hochbedeutsamen These Rousseaus, deren Klarlegung freilich die Einsicht in die folgenden Ausführungen schon voraussetzt, muß hier auf unsere Darlegung in der demnächst erscheinenden Gesamtdarstellung Kapitel 6 verwiesen werden.

[2] Die im November 1755 in dem tome V. der großen Encyklopädie erschienene Abhandlung, deren Probleme wir heute in dem zweiten Teil der

der Rousseauschen Sozialphilosophie überaus wertvollen einleitenden Teile, eine bis dato wohl kaum berücksichtigte Erörterung, die uns in dieser Frage höchst schätzbaren Aufschluß zu geben imstande ist.[1]

Unser Autor geht hier, wie auch sonst, von der Meinung aus, daß der Inhalt aller Zwecksetzung seine oberste Einheit habe in der Beförderung von Lust- und in der Abwendung von Unlustgefühlen.[2] Die hieraus für alle empirisch denkbaren Willenshandlungen liegende Gemeinsamkeit läßt eine Abtrennung einer volonté générale, die sich in begrifflicher Schärfe von einer volonté particulière unterschiede, keineswegs schon zu. Bedenken wir aber, daß es keine Lust noch Unlust giebt, es sei denn eine solche einzelner mit Gefühl begabter Individuen, so zeigt sich, daß Rousseau mit Fug von einer Allgemeinheit des Willens reden durfte je nach der quantitativen Ausdehnung des Kreises von Menschen, deren Wohl von dem einzelnen Individuum zum Ziel seiner Thätigkeit gesetzt und vorangestellt wird. Auf diese Weise soll der Begriff des „Allgemeinen" ein Mittel sein, um nach dem Gesichtspunkt der jeweilig vorhandenen Maxime eine bestimmte Systematisierung menschlicher Willenshandlungen zu ermöglichen. Beispiele werden den Gedanken völlig deutlich machen können. Man denke, jemand habe in seinem Handeln nur das Wohl seiner eigenen Persönlichkeit im Auge, er frage nur, was ihn, als konkretes, schon in seinen Wünschen und Neigungen von allen anderen unterschiedenes Einzelindividuum, glücklich machen könne, so ist eben damit jede Allgemeinheit der Zielsetzung, wie sie im Begriff der volonté générale gedacht ist, notwendig und ganz unvermeidlich ausgeschlossen; das ist nach Rousseau die volonté particulière schlechthin, die auch in keiner Rücksicht und Beziehung als „volonté générale" aufgefaßt und gedacht werden kann. Wohl aber giebt es nach Rousseau auch Willenshandlungen, die je nach dem Gesichtspunkte, den man bei ihrer Beurteilung zu Grunde legt, als „générales" oder als „parti-

---

Nationalökonomie behandeln, hat den Vorzug, von der klaren Erkenntnis auszugehen, daß alle praktische Nationalökonomie, wie Politik überhaupt nichts anderes sein kann als eine Lehre von den technischen Mitteln, welche in Anbetracht der konkreten empirischen Verhältnisse die geeignetsten sind zur steten Annäherung an den idealen Endzweck aller rechtlichen Gemeinschaft, das souveräne Gesetz jedweder wissenschaftlichen Politik, dessen Aufstellung und scharfe Deduktion der Rechtsphilosophie in unbeschränkter Richtergewalt obliegt und allein zusteht.

[1] Ec. pol. p. 166.
[2] Dies ist hier nur als grundlegende Einheit eines bunten Gemenges psychologischer Thatsachen gemeint, als ein Grundgesetz der Psychologie, nicht der Ethik, kurz ein Gesetz des Seins und nicht des Sollens.

culières" bezeichnet werden, und eben damit verlassen wir erst eigentlich das Gebiet der unentbehrlichen und doch von Rousseau wieder als bekannt vorweg genommenen Voraussetzungen und betreten den Boden der oben bezeichneten Erörterung.

Unser Autor geht zum Beweis der hier vorangestellten Meinung von der Thatsache aus, daß innerhalb einer größeren Gemeinschaft von Menschen sich wieder kleinere, engere Vereinigungen finden, die sich im Bereich jener umfassenden Gemeinschaft zu Sonderverbänden zusammenschließen und die vielleicht immer noch Ausdehnung genug besitzen, um in ihrem eigenen Bereich gleichfalls wieder Gesellschaften noch engerer Art zu beherbergen, die als Kasten oder Cliquen mit geringer Zahl von Mitgliedern noch kleinere Abteilungen im Ganzen jener großen Gemeinschaften bilden. Alle diese Verbände, mögen sie nun eine äußerlich leicht erkennbare Organisation besitzen oder nicht, sind verschiedene Arten von Interessengemeinschaften und sie ermöglichen eben damit eine ebenso große Anzahl von Gesichtspunkten, nach denen die konkrete Zwecksetzung der einzelnen beurteilt und gerichtet werden kann. Alles Urteil über Wert oder Unwert menschlicher Handlung vollzieht sich nach Rousseau in einer Wertung der zu Grunde liegenden Maximen, indem letztere nach den jeweilig verschiedenen Gesichtspunkten einer Prüfung unterzogen werden. Diese verschiedenen Beurteilungsweisen sind nun aber nichts anderes als die Zweckvorstellungen, deren Gegenstand das Wohlergehen der jeweilig verschiedenen Gemeinschaften bildet.

Wenn, um ein Rousseausches Beispiel hier zur Erläuterung etwas auszuführen, ein Senator sich zur Maxime seines Handelns macht, das Ansehen seines besonderen Standes zu wahren und zu fördern, so ist sein Wille allgemein gerichtet, générale, sofern man in dem Zwecke setzenden Menschen nur das Mitglied des Senatorenverbandes sieht und, von dieser seiner Eigenschaft ausgehend, den Gesichtspunkt der Wertung seines Handelns findet und gebraucht: Sein Handeln vollzieht sich nicht in der ausschließlichen Besinnung auf sein eigenes persönliches Ich, sondern in der Richtung auf das Wohl eines ganzen Standes, als einer Klasse von Menschen, welche Richtung Rousseau insofern als „droite"[1] bezeichnet.

---

[1] Der Ausdruck, welcher aus der Mathematik, die ihn gleichfalls zur Charakterisierung einer bestimmten Richtung (von Linien) gebraucht, entlehnt ist, kehrt auch im „Contrat social" in höchst bedeutsamer Art wieder; hätte man stets darauf geachtet, daß das „Gerade" im menschlichen Willen sich in der Rousseauschen Ethik und Rechtsphilosophie stets nur auf die Richtung, den Zielpunkt der einzelnen Zwecksetzung bezieht, so wäre so manche irrige Auffassung vom Begriff der „volonté générale" vermeidbar gewesen.

Aber was dem Senatorenstand frommt, kann vielleicht dem Wohl der größeren öffentlichrechtlichen Gemeinschaft, dem Ganzen des Volks gefahrbringend und schädlich sein. In diesem Fall würde der Wille desjenigen, welchen wir bisher nur in seiner Eigenschaft als Senator berücksichtigten, das ihm damals zuerkannte Prädikat des „Allgemeinen" einbüßen, wenn wir nun seine Handlungsweise erwägen als die eines Mitglieds des Volks, wenn wir in ihm nicht mehr den Senator sehen, sondern den Bürger. Die Tugend des Bürgers ist nicht identisch mit der Tugend des Senators:
„La volonté de ces sociétés particulières a toujours deux rapports; pour les membres de l'association c'est une volonté générale; pour la grande société c'est une volonté particulière qui très souvent se trouve droite au premier égard et vicieuse au second. Tel peut être prêtre dévot ou brave soldat ou patrizien zélé et mauvais citoyen."[1]

So wird der allgemeine Wille des Senators zum Sonderwillen des Bürgers. Die volonté générale im letzteren Sinne aber muß auf das Wohl des Bürgers als solchen und damit auf das Wohl aller Bürger, kurz auf das Wohl des Volks gerichtet sein.[2] Für die rechtliche Gemeinschaft als solche ist damit der allgemeingiltige Gesichtspunkt gefunden, nach dem die Handlungen aller Volksgenossen in einheitlicher Art geordnet und gewertet werden können. Damit aber ist schon deutlich, daß der so in dem „bien public" gewonnene Maßstab in der Rechtsphilosophie Rousseaus eine ganz besonders Bedeutung und Würde erlangen wird: die Tugend des Bürgers, die „volonté publique"[3], wird in dem rechtsphilosophischen System zur „volonté générale" κατ' ἐξοχήν; es ist die volonté générale.

Nicht als ob etwa unser scharfsinniger Philosoph die bedingte Giltigkeit dieses Maßstabs sich niemals zum Bewußtsein gebracht hätte! Mit welchem Fuge hätte man die Handlungen eines Draußenstehenden danach beurteilen können, ob er das Wohl der Mitglieder

---

[1] Ec. pol. p. 166.
[2] „Nous pouvons distinguer dans la personne du magistrat trois volontés essentiellement différentes; premièrement la volonté propre de l'individu, qui ne tend qu'à son avantage particulier; secondement la volonté commune des magistrats, qui se rapporte uniquement à l'avantage du prince el qu'on peut appeler volonté de corps, laquelle est générale par rapport au gouvernement el particulière par rapport à l'état dont le gouvernement fait partie; en troisième lieu la volonté du peuple ou la volonté souveraine, laquelle est générale tant par rapport à l'état considéré comme le tout que par rapport au gouvernement considéré comme partie du tout." C. s. III, 2.
[3] Ec. pol. p. 166.

einer fremden rechtlichen Gemeinschaft im Auge habe, ob er die Beförderung des Glücks jener sich zur Maxime nehme, er, der doch gar nicht ihr Genosse war! Um ein Mittel zu finden, die Handlungen der Mitglieder verschiedener Staaten einheitlich aufzufassen und zu werten, muß erst in der Thatsache einer **Staatsangehörigkeit überhaupt eine gemeinsame Beziehung**, kurz eine Gemeinschaft, wenn auch nur in Gedanken konstruiert werden, welche die Mitglieder aller denkbaren rechtlichen Gemeinschaften einheitlich umfaßt, und dann erst konnte in einer Willensrichtung, welche das Wohl der Glieder dieser weiteren Gemeinschaft als solcher zum Ziele nimmt, eine neue „volonté générale" aufgestellt und behauptet werden, vor deren Richterstuhl vielleicht das, was dorten als Tugend des Staatsbürgers gepriesen, als beschränkte Zielsetzung des Weltbürgers verworfen werden wird.[1]

Dieser Gedanke leitet schon über zur Festlegung desjenigen Wertmessers, dessen Anwendungsbereich an irgendwelche Schranken überhaupt nicht mehr gebunden ist, zur Konstituierung des absolut allgemeingiltigen Gesetzes für menschliches Handeln überhaupt, zur Definition eines obersten Sittengesetzes im Bereich einer objektiven Sittenlehre. In dieser höchsten Betrachtungsweise bedeutet die volonté générale eine Maxime, welche das Wohl von Menschen überhaupt, kurz, das Wohl aller Menschen, zur Richtschnur nimmt. Das ist die Rousseausche Definition der Tugend. Ihr nachzustreben ist das einzige unbedingte Gebot für alles menschliche Handeln.[2]

So ist die Sittenlehre Rousseaus in ihrem konsequenten Aufbau und der strengen Einheit des Grundgedankens eine glänzende

---

[1] „Il est important de remarquer que cette règle de justice sûre par rapport à tous les citoyens, peut être fautive avec les étrangers; et la raison de ceci est évidente; c'est qu'alors la volonté de l'état, quoique générale par rapport à ses membres, ne l'est plus par rapport aux autres états et à leurs membres, mais devient pour eux une volonté particulière et individuelle qui a sa règle de justice dans la loi de nature; ce qui rentre également dans le principe établi, car alors la grande ville du monde devient le corps politique dont la loi de nature est toujours la volonté générale, et dont les états et peuples divers ne sont que des membres individuels." Ec. pol. p. 165, 166.
Über die Gemeinschaft der Europäer vergl. Rousseau im „Extrait du projet de paix perpétuelle de M. L'abbé de Saint-Pierre" (tome III d. oeuvr. compl.) p. 200 ff., über die Idee einer ethischen universellen Gemeinschaft ibidem p. 200.
[2] „Il est vrai que les sociétés particulières étant toujours subordonnées à celles qui les contiennent, on doit obéir à celles-ci préférablement aux autres; que les devoirs du citoyen vont avant ceux du sénateur et ceux de l'homme avant ceux du citoyen." Ec. pol. 166. ... „les brigands mêmes qui sont les ennemis de la vertu de la grande société, en adorent le simulacre dans leurs cavernes." p. 167. „La vertu n'est que cette conformité de la volonté particulière à la générale. Ec. pol. p. 172, 173.

Verherrlichung des Altruismus, der nicht unleidlicher und widerwärtiger sein kann, als eine beschränkte Selbstsucht, die jeder Gesetzlichkeit Hohn spricht. Auch in dem Discours schon war unser Autor, indem er überhaupt ein Naturrecht behauptete und methodisch abzuleiten suchte, mit einem Sollen an die Welt des Seins herangetreten, aber die dort vertretene empirische Methode, die von der Urthatsache einer menschlichen Natur grundlegend ausging, kurz, die Konfundierung von Ethik und Psychologie, war auch diesem Moralsystem[1] verhängnisvoll geworden. Jener dort behauptete Primat der Selbsterhaltung über den Trieb des Mitleids war die leidige Frucht einer Methode, die von einem Sein grundlegend ausging, dort, wo es ein Sollen für alles Sein in gesetzlicher Einheit zu errichten und zu begründen galt. Das ist dann in der „économie politique"[2] einer edleren Auffassung gewichen.[3] Wir haben schon

---

[1] Man kann der Kürze halber die Darstellung der Moral und des Naturrechts gemeinsam besprechen, da sowohl im „Discours" wie auch später in der veränderten Fassung der „économie politique" jeweilig dennoch innerhalb der einzelnen Schriften die Methode der Deduktion sowie die Darstellung des Inhalts beider Arten von Normen sich völlig entspricht. Das gilt auch für die Begriffsbestimmung, welche der „Discours" von der moralischen Tugend giebt: Vgl. Note 15 p. 102: „L'amour de soi-même est un sentiment naturel qui porte tout aminal à veiller à sa propre conservation, et qui dirigé dans l'homme par la raison et modifiée par la pitié produit l'humanité et la vertu." Dieser „natürlichen" amour de soi-même stellt R. in dieser Schrift die „amour propre" als ein soziales Laster gegenüber, als ein „sentiment relatif, factice et né dans la société, qui porte chaque individu à faire plus de cas de soi que de tout antre, qui inspire aux hommes tous les maux qu'ils se font mutuellement et qui est la véritable source de l'honneur."

[2] Man streitet über die genaue Abfassungszeit dieser Schrift; sicher ist, daß sie ebenso wie der „Discours" im Jahre 1755 gedruckt erschien. Da die Akademie zu Dijon ihre Preisaufgabe: „Quelle est l'origine de l'inégalité parmi les hommes et si elle est autorisée par la loi naturelle", zu deren Bearbeitung R. seinen Discours schrieb, im Jahre 1753 stellte, so darf wohl diese Zeit als die Abfassungszeit der Schrift angesehen werden, die dann erst später allgemein bekannt gegeben wurde. Eine eingehende Vergleichung der Grundgedanken des „Discours" und der „économie politique" läßt denn auch mit ziemlicher Bestimmtheit die économie politique als das reifere spätere Produkt der Rousseauschen Gedankenentwickelung erscheinen. Im Resultat übereinstimmend neuerdings Dreyfus, a. a. O. p. VIII.

[3] Es ist für das eingehende Verständnis des Begriffs der volonté générale von Bedeutung, daß sich in demselben (dem 5.) Band der großen französischen Encyklopädie, in dem der Rousseausche Artikel über die économie politique erschien, unter der Rubrik „droit naturel" ein Aufsatz findet, der (wie das Sternchen im Beginn anzeigt) aus Diderots Feder entsprungen ist und eine sehr bemerkenswerte Ausführung über diesen Grundbegriff der Rousseauschen Morallehre enthält. Es bedurfte kaum des Hinweises, daß Diderot diesen Aufsatz (wie wiederum das besagte Zeichen in Gemäßheit der symbolischen Ausdrucksweise des Diktionnaires lehrt) nicht als eigener Mitarbeiter geschrieben, sondern

die Stelle wiedergegeben, in der hier der Grundbegriff der „loi de nature" in streng monistischer Auffassung, die jenen wunderlichen Dualismus von Selbstsucht und Mitgefühl vermeidet, angegeben wird. Es ist das Gebot, das Wohl aller derer im Auge zu haben, welche überhaupt als in rechtlicher Beziehung untereinander stehend immer gedacht werden können. So ist in dieser Fassung das Grundgesetz des Naturrechts, welches die Selbsterhaltung des Handelnden nur noch fordert, weil und sofern er berechtigtes Mitglied jener umfassenderen Gemeinschaft ist, inhaltlich übereinstimmend mit dem in einer Methode gefundenen Grundgesetz der Moral.[1] Wie könnte erst bei der Schlußredaktion als „éditeur" „suppliert" hat, um zu erkennen, daß es sich hier durchaus um Rousseausche Gedankengänge handelt. Die Einheit der Methode, sowie die häufig beinahe wörtliche Anlehnung an den großen Artikel R.s über die économie politique beweisen dieses auf das deutlichste, und es hält gewissermaßen schwer zu glauben, daß Rousseau diese ganz im Stile seines Artikels geschriebene Abhandlung nicht selber verfaßt habe, mag man auch noch Bedenken tragen, die Priorität der Auffindung dieses Prinzips der volonté générale Rosseau zuzugestehen. Uns interessiert vor allen Dingen die klare Darstellung des Gedankens selbst, aus welchem Grunde einzelne Citate aus diesem Aufsatz hier folgen sollen. „VI. Mais si nous ôtons à l'individu le droit de décider de la nature du juste et de l'injuste, où porterons-nous cette grande question? où? Devant le genre humain: C'est à lui seul qu'il appartient de la décider, parce que le bien de tous est la seule passion qu'il ait. Les volontés particulières sont suspectes, elles peuvent être bonnes ou méchantes; mais la volonté générale est toujours bonne . . . VII. C'est à la volonté générale que l'individu doit s'adresser, pour savoir, jusqu'où il doit être homme, citoyen, sujet, père enfant et quand il lui convient de vivre on de mourir. C'est à elle de fixer les limites de tous les devoirs. . . Tout ce que vous méditerez, sera bon, grand, élevé sublime, s'il est de l'intérêt général et commun". . . etc. Vgl. auch außer dem Schluß dieser Stelle noch besonders die Sätze unter IX.

[1] Die methodische Bedeutung der volonté générale als des obersten Grundsatzes der Deduktion von Einzelsätzen des Naturrechts wird ebenfalls in dem oben citierten Diderotschen Artikel besonders deutlich und bemerkenswert hervorgehoben. Man vgl. z. B.: „VII: Vous avez le droit naturel le plus sacré à tout ce qui ne vous est point contesté par l'espèce entière . . . Dites-vous souvent: Je suis homme et je n'ai d'autres droits naturels véritablement inaliénables que ceux de l'humanité."

In einem die resignierte Skepsis des alternden Rousseau getreulich widerspiegelnden Briefe aus dem Jahre 1767 (26. Juli) an den Grafen von Mirabeau findet sich eine Stelle, welche über den Grund Aufschluß erteilen kann, daß Rousseau so wenig die Einzelsätze seines Naturrechts ausgeführt und ihren besonderen Inhalt aus seinem obersten Prinzip abgeleitet hat: „Il me semble que l'évidence ne peut jamais être dans les lois naturelles . . . qu'en les considérant par abstraction . . . Mais supposons toute cette theorie des lois naturelles toujours parfaitement évidente, même dans ses applications et d'une clarté qui se proportionne à tous les yeux; comment des philosophes qui connaissent le coeur humain, peuvent-ils donner à cette évidence tant d'autorité sur les actions humaines? . . . "

auch dort noch der Egoismus zum Prinzip erhoben werden, wo in strenger Methodeneinheit der Gedanke der Gemeinschaft, letztlich die Idee eines allumfassenden Reichs der Weltbürger dem Handeln des Individuums das bindende Gesetz diktiert![1] So hat denn in der That die also begriffene volonté générale als schlechthin giltiges Gesetz alles Handelns die legitime Macht, über jene früher besprochene und für unsere weitere Erwägung so überaus bedeutsame volonté générale, welche die Tugend des Staatsbürgers bedeutet, zu Gericht zu sitzen und womöglich letztere ihres angemaßten Ansehens schmählichst zu entkleiden.

Und in der That, wird nicht jene vor dem Stuhl des souveränen Weltbürgerrechts als elende Scheintugend, als öder Chauvinismus entlarvt? — Aber was nicht als oberstes Sittengesetz behauptet wird, kann doch in Anwendung eben jenes obersten Prinzips durch ein Moralgesetz zur Einzeltugend erhoben werden. Und das ist in der That die ursprünglich wenigstens und an dieser Stelle unzweideutig ausgesprochene Meinung unseres Autors. Unter den thatsächlichen Verhältnissen, unter denen wir leben, können wir dem unbedingten Gesetz, welches die Beförderung menschlicher Glückseligkeit überhaupt vorschreibt, nicht anders nachleben, als indem wir denen Gutes thun, die uns solches durch die Nähe ihres Zusammenlebens mit uns ermöglichen, kurz, indem wir das Wohl unseres Volks zu pflegen uns bemühen. So ist es das oberste Sittengesetz selbst, welches in objektivem Richterspruch die volonté générale, von deren Begriffsbestimmung hier alles ausgegangen war, als die Tugend des Staatsbürgers anerkennt und bestätigt.[2]

---

[1] „Qu'on nous dise qu'il est bon qu'un seul périsse pour tous; j'admirerai cette sentence dans la bouche d'un digne et vertueux patriote qui se consacre volontiers et par devoir à la mort pour le salut de son pays." Ec. pol. p. 177. „Il n'est plus temps de nous tirer hors de nous-mêmes quand une fois le moi humain concentré dans nos coeurs y a acquis cette méprisable activité qui absorbe toute vertu et fait la vie des petites âmes."

[2] „Il semble que le sentiment de l'humanité s'évapore et s'affaiblisse en s'étendant sur toute la terre ... Il faut en quelque manière borner et comprimer l'intérêt et la commisération pour lui donner de l'activité. Or comme ce penchant en nous ne peut être utile qu'à ceux avec qui nous avons à vivre, il est bon que l'humanité, concentrée entre les concitoyens prenne en eux une nouvelle force par l'habitude de se voir et par l'intérêt commun qui les réunit. Vgl. bezüglich desselben Gedankens Emile l. 1er (p. 14, 15): Tout patriote est dur aux étrangers: ils ne sont qu'hommes ils ne sont rien à ses yeux. Cet inconvénient est inévitable, mais il est faible. L'essentiel est d'être bon aux gens avec qui l'on vit. Défiez-vous de ces cosmopolites qui vont chercher au loin dans leurs livres des devoirs qu'ils dedaignent de remplir autour d'eux. Tel philosophe aime les Tartares, pour être dispensé d'aimer ses voisins."

So begreifen wir denn jetzt, wenn Rousseau von eben jener volonté générale (im speziell rechtsphilosophischen Sinne), in deren Definition wir gemäß dem Inhalt des contrat social den Richtweg zur Quelle des positiven Rechts entdeckten, sich also äußert: „Cette volonté générale qui tend toujours à la conservation et au bien-être du tout et de chaque partie, et qui est la source des lois, est pour tous les membres de l'état par rapport à eux et à lui, la règle du juste et de l'injuste."[1] Doch wie? Hatten wir nicht behauptet, daß der contrat social des Rousseau eine Anweisung sein wollte, wie in der Welt der Thatsachen eine den strikten Erfordernissen des droit naturel entsprechende Gebotsetzung, kurz ein gültiges positives Recht, ermöglicht werden könnte? Hatte uns nicht Rousseau zum Zweck solcher Belehrung eine Schar von Menschen vor Augen geführt, denen ihr Dasein lieb genug war, um sich dem strikten Zwang rechtlicher Gebote zu unterstellen und die nach einem Gebieter ausschauten, dessen Art der Beherrschung mit ihrer Freiheit, wie sie das Naturrecht gebot, verträglich war? Kurz: Wir suchten die Quelle des positiven Rechts, einen Gesetzgeber von Fleisch und Blut, als dessen Werk und ureigenste That die positive Satzung erschiene, — und was ward uns? Nichts als ein abstraktes Prinzip, eine einheitliche Maxime für menschliches Handeln überhaupt! Hat man jemalen gehört, daß eine dürre Maxime zwingende Gebote erlassen hätte?

Gewiß wäre eine solche Frage hier berechtigt, wenn unsere Untersuchung die nach dem Begriff der volonté générale fragte, an diesem Punkte schon abgeschlossen wäre, wenn uns der contrat social nicht auch über die Natur des Trägers der volonté générale aufklärte, wenn die Erkenntnis der abstrakten Maxime verurteilt wäre, solch' graue Theorie unweigerlich zu bleiben und nicht etwa nur als ein Durchgangspunkt sich herausstellte auf dem Wege zu dem lebendigen Träger des gerechten Willens, kurz zu dem menschlichen Schöpfer des positiven Rechts. Die volonté générale, als Maxime gedacht und verstanden, ist freilich selbst kein Gesetzgeber, aber in ihrer begrifflichen Fixierung ist die Methode entdeckt, nach der wir nunmehr in der Welt der Erfahrung den eigentlichen Gesetzgeber aufspüren und, wenn es glückt, den sichern Pfad, der zu ihm führt, deutlichst bezeichnen und klarlegen können. So lehret uns der bisherige Stand unserer Untersuchung die eiserne Konsequenz des Rousseauschen Systems: die volonté générale, das ist der Grundsatz der freiheiterhaltenden Menschensatzung, es ist das Wahr-

---

[1] Ec. pol. S. 165.

zeichen des positiven Rechts, kein sogenanntes „Postulat", sondern die aus den naturrechtlichen Grundlagen mit logischer Notwendigkeit sich ergebende condicio sine qua non einer rechtsgültigen Menschenherrschaft. Damit haben wir die einheitliche Methode entdeckt, welche, wie wir nun weiter sehen werden, dem Aufbau der Rousseauschen Sozialphilosophie zu Grunde liegt. Die Einheit der Methode liegt in der strengen Einheit der Grundfrage nach der Möglichkeit eines gerechten Herrscherwillens, d. h. nach der sicheren Verwirklichung der volonté générale. Das ist das „große Problem", welches Rousseau in einem 5 Jahre nach der Veröffentlichung des „Contrat social" geschriebenen Briefe an den Grafen Mirableau mit dem der Quadratur des Cirkels vergleicht und also formuliert:

„Voici dans mes vieilles idées le grand problème en politique que je compare à celui de la quadrature du cercle en géometrie et à celui des longitudes en astronomie: Trouver une forme de gouvernement qui mette la loi au-dessus de l'homme. Si cette forme est trouvable, cherchons-la et tâchons de l'établir."[1]

Man könnte fragen, ob denn nicht mit der eben dargestellten Aufzeigung der Erkenntnismethode die Rechtsphilosophie Rousseaus ihre Aufgabe vollendet habe. Die volonté générale ist festgestellt als Bedingung der Möglichkeit des positiven Rechts, etwa wie Kant das Kausalitätsgesetz statuierte als notwendige Bedingung der Erfahrungswissenschaft: Aber die Frage der Subsumtion ist doch keine Frage der Philosophie, der Inhalt des einzelnen Gesetzes der Physik so wenig wie das wirkliche Antreffen eines gerechten Charakters als Einzelergebnis empirisch-psychologischer Untersuchung. Über die zutreffende Bestimmung solcher Einzelthatsachen gemäß dem allgemeingültigen Richtpunkt, den Philosophie allein zu geben vermag, kann doch wohl, könnte man einwenden, nicht mehr philosophiert, sondern nur noch experimentiert werden. Und doch wiederum auf der anderen Seite: Wie hätte die gebieterische Würde der Rousseauschen Philosophie es zugelassen, daß man das positive Recht aufbaute auf den unsicheren Ergebnissen psychologischer Einzelforschung, daß man das heiligste Besitztum menschlicher Würde, die Autonomie seines Handelns, seine Freiheit, gründen wollte auf den schwankenden Pfeiler des Experiments?

Der Begriff der volonté générale wäre dem Verdacht verfallen, ein leeres Hirngespinst zu sein, solange nicht Rousseau es wagte,

---

[1] Lettre à M. le Marquis de Mirabeau du 26 juillet 1767: derselbe Gedanke in den „Considérations sur le gouvernement de Pologne" chap. 1er.

auf dem Grund einer für alles psychische Geschehen geltenden Gesetzmäßigkeit die Art menschlicher Befehlssatzung aufzuzeigen, welche eine gerechte Willensbestimmung ihres eigenen Urhebers nicht nur zuließ, sondern nach unzweifelhaftem Gesetze notwendig und unvermeidlich im Gefolge führen mußte. So wird in dem weiteren Aufbau des Systems die Psychologie, insoweit sie für Rousseau unanfechtbare Gesetze menschlicher Willensbestimmung aufgedeckt zu haben scheint, zur Dienerin der Rechtsphilosophie. Mit ihrer Hilfe entdeckt der „Contrat social" den einzigen Weg, welcher in naturgesetzlich unvermeidlicher Sicherheit zur Verwirklichung der volonté générale in der Welt der Erfahrung führt, zur Thatsache einer gerechten Herrschaft, zur Möglichkeit des positiven Rechts. So war unser Argwohn unbegründet, daß wir im weiteren Verfolg des rechtsphilosophischen Hauptwerks Rousseaus uns in Einzelheiten verlieren könnten: Es giebt nur einen Weg, der innerhalb der Welt der Erfahrung zum positiven Recht führen kann, nur eine Beherrschungsweise von Menschen durch Menschen, deren Durchführung die Beobachtung der strikten Gebote des Naturrechts gewährleistet, es giebt nur einen unzweifelhaften Träger, nur ein sicheres Organ der volonté générale unter den Menschen. Mit seiner Aufweisung hat die Rousseausche Rechtsphilosophie ihre Kardinalfrage gelöst, die allgemeingültigen Bedingungen entdeckt für die Möglichkeit des positiven Rechts.

Wer ist nun dieser Mensch, dem die Sozialphilosophie Rousseaus, durch die Kenntnis der Urthatsachen der Psychologie unterstützt, die Rolle des Gesetzgebers zuerkennen kann? Sollte die moralische Kraft eines einzelnen zu solcher ausgezeichneten Stellung ausreichend sein? Nimmermehr hätte Rousseau dieses zugegeben, denn ihn belehrte Psychologie in vermeintlicher Allgemeingültigkeit, daß jeder Mensch letztlich durch seinen eigenen Vorteil bestimmt wird, und was hätte dieser mit dem Wohle aller zu schaffen: „Il faudrait des dieux, pour donner des lois aux hommes."[1]

Wie sollte da von einem einzelnen es jemals sicher sein, daß er bei seiner Gebotssetzung die volonté générale zur unwandelbaren Richtschnur seines Handelns nähme?

„... Ses lois, ministres de ses passions, ne feraient souvent que perpétuer ses injustices; jamais il ne pourrait éviter que des vues particulières n'altérassent la sainteté de son ouvrage."[1]

So lehrt uns die Anwendung der Methode der volonté générale die Unmöglichkeit der rechtlichen Obergewalt eines einzelnen!

---

[1] C. s. II, 7.

„En effet s'il n'est pas impossible qu'une volonté particulière s'accorde sur quelque point avec la volonté générale, il est impossible au moins que cet accord soit durable et constant; car la volonté particulière tend par sa nature aux préférences et la volonté générale à l'égalité. Il est plus impossible encore qu'on ait un garant de cet accord, quand même il devrait toujours exister; ce ne serait pas un effet de l'art, mais du hasard."[2]

Nicht die Erhoffung des Zufalls, d. i. das fatale Abwarten eines Geschenkes der Natur, sondern die „Kunst", d. h. die auf der Kenntnis psychologischer Grundgesetzlichkeit beruhende methodische Beherrschung der Natur des Menschen, der „machine humaine",[3] das ist der einzige Weg, der einem Rousseau zur Erforschung der Möglichkeit des positiven Rechts verbleibt. So verwirft diese Methode den einzelnen Menschen als mögliches Organ der „volonté générale", den einzelnen sowohl, als die mehreren einzelnen, die etwa als in gemeinsamer Thätigkeit die oberste Gewalt ausübend gedacht werden könnten: Ob einer oder mehrere Dritten befehlen, nimmer kann die Psychologie Bürgschaft dafür leisten, daß solche Gesetzgeber das Wohl aller Gemeinschaftsglieder zur unabweichlichen Richtschnur ihrer Herrschaft nehmen werden.

Wie aber, wenn alle Genossen Anteil hätten an jener obersten Gewalt, wenn die zwingende Menschensatzung zustande käme durch die gemeinsame Thätigkeit sämtlicher Glieder der Gemeinschaft? Wir sehen, es ist dies der einzige Weg, auf dem in der Welt der Erfahrung ein Träger der volonté générale, damit der Souveränität, noch entdeckt werden könnte; und in der That, unser Autor hat ihn eingeschlagen und die Möglichkeit des positiven Rechts gegründet auf die Souveränität des Volks. Es mußten die Herrscher zusammenfallen mit den Beherrschten, der „souverain" durfte nur durch die Einzelindividuen „gebildet werden, die in ihrer Gesamtheit ihn darstellen".[4] Kein einziger durfte von der Ausübung der obersten Herrschaft ausgeschlossen werden, sollte die volonté générale überhaupt durchgeführt werden können.

„Pour qu'une volonté soit générale, il n'est pas toujours nécessaire qu'elle soit unanime, mais il est nécessaire que toutes les voix soient comptées; toute exclusion formelle rompt la généralité."[1]

Aber was hat die Vielköpfigkeit des Souveräns mit der Maxime seiner Herrschaft zu schaffen? Scheint es nicht, als ob das, was

---

[1] C. s. II, 7.
[2] C. s. II, 1.
[3] Discours p. 30.
[4] C. s. I, 7.

als allgemeingiltige Maxime menschlicher Gebotsetzung überhaupt gedacht war, sich in einen elenden Quantitätsbegriff auflösen wollte, daß die Allgemeinheit des Willens sich unvermerkt verflüchtigt habe zur Allgemeinheit der Beteiligung an einem, nach was für buntscheckigen und willkürlichen Grundsätzen auch immer, zustandegekommenen Beschluß?

Nichts würde den systematischen Zusammenhang der Rousseauschen Gedanken weniger treffen, als solcher Einwand. Der „Contrat social" in seinem weiteren Verlauf hat nicht zur Aufgabe, durch Einführung eines neuen Begriffs unter altem Namen die methodische Bedeutung der volonté générale als einheitliches Prinzip der Rechtsetzung zu unterschlagen, sondern vielmehr die Allgemeinheit des Willens in quantitativer Hinsicht erst kraft jener Methode zu rechtfertigen, die ·Souveränität der Gesamtheit zu statuieren als notwendige Bedingung einer Herrschaftsausübung, die nach der Leitung der volonté générale verfährt.

In der That, eine schier unlösbar scheinende Aufgabe: Nicht als ob bei der Ausübung der obersten Gewalt die Allgemeinheit der Beteiligung die Möglichkeit einer Willensübereinstimmung schlechterdings nicht zulasse: Warum sollten nicht alle, oder wenigstens die Mehrheit, sich über den Inhalt einzelner zu erlassenden Gebote einigen können? Aber freilich, mit einer solchen Übereinstimmung im Inhalt des Befehls war wenig gewonnen; denn die Willenseinheit des gesetzgebenden Volks müßte sich nicht nur auf den konkreten Inhalt des Befehls, sondern vor allen Dingen auf den Grundsatz beziehen, welcher der Abstimmung eines jeden zu Grunde lag. Die Willenseinheit der Mitglieder der Gemeinschaft mußte sich erweisen als eine **Einheit des Prinzips** und nicht nur als zufällige Übereinstimmung im **Resultat des Gewollten**. In letzterer Beziehung genügt für Rousseau, wie wir schon früher gesehen haben, die Willensübereinstimmung einer je nach der Wichtigkeit und Dringlichkeit größeren oder geringeren Majorität,[2] und es ist für das Verständnis förderlich, zu wissen, daß einige Male unser Autor für diesen Willen der Mehrheit proleptisch den Ausdruck „volonté générale" gebraucht. Von diesem Sprachgebrauch aus wird es verständlich, wenn Rousseau selbst die Frage aufwirft nach der Berechtigung jener Prolepsis, die die Willensübereinstimmung der Mehrheit·

---

[1] C. s. II, 2.
[2] Inwieweit diese Majorität sich der Einstimmigkeit zu nähern habe, ist also für Rousseau keine Frage der Rechtsphilosophie, sondern der Politik. Das Nähere vgl. in C. s. IV, 2 Ende.

also bezeichnet, als sei sie notwendiger Weise auf Grund der Maxime der volonté générale zustande gekommen:

„Pourquoi la volonté générale est-elle toujours droite, et pourquoi tous veulent-ils constamment le bonheur de chacun d'eux?"[1]

Also verstanden, vermag schon diese Fragestellung uns deutlich zu machen, daß Rousseau seine alte Methode, die Möglichkeit menschlicher Befehlssatzung aus jenem obersten Prinzip der volonté générale zu deduzieren, keineswegs in elender Inkonsequenz aufzugeben gewillt ist. Wohl ist ihm bewußt, daß aus dem Begriff des Willens aller keineswegs analytisch folge, es sei jener Wille auf Grund des allseitig befolgten Prinzips der volonté générale zustande gekommen. Die gegenteilige Ansicht würde nicht nur die von Rousseau selbst hinsichtlich dieser Synthesis aufgeworfene Frage zur eiteln Spiegelfechterei und scholastischen Begriffsspielerei herabsetzen, sondern auch gegenüber andern unverkennbaren Sätzen Rousseaus unmöglich standhalten können. Man bemerke nur die folgende Stelle in der „économie politique":

„Comment, me dira-t-on, connaître la volonté générale dans le cas, où elle ne s'est point expliquée? faudra-t-il assembler toute la nation à chaque événement impréru? Il faudra d'autant moins l'assembler qu'il n'est par sûr que sa volonté fut l'expression de la volonté générale."[2]

Und Rousseau selbst bezeichnet das Problem mit den folgenden Worten:

„Il y a souvent bien de la différence entre la volonté de tous et la volonté générale; celle-ci ne regarde qu'à l'intérêt commun, l'autre regarde à l'intérêt privé et n'est qu'une somme de volontés particulières."[3]

Diese scharfe und bewußte Auseinanderhaltung des „allgemeinen Willens" und des „Willens aller" darf geradezu als klassisch bezeichnet werden; sie bedeutet, wie wir im Fortgang unserer Untersuchung noch deutlicher einsehen werden, einen Grundzug der Rousseauschen Rechtsphilosophie. In der Verknüpfung dieser beiden Begriffe ein Problem erkennen, setzet voraus, diese Verknüpfung als Synthesis zu erkennen; die Berechtigung dieser Synthesis aufzuweisen, das ist die bedeutsame Aufgabe, welche den weiteren Aufbau dieses Systems grundlegend bedingt.

[1] C. s. II, 4.
[2] Ec. pol. p. 171.
[3] C. s. II, 3.

Es wird aber der Wille jedes einzelnen an der Ausübung der obersten Gewalt Beteiligten das Wohl aller Glieder der Gemeinschaft nur berücksichtigen, wenn die Summe der Herrscher zusammenfällt mit der Summe der Beherrschten, wenn die die Gesamtheit verpflichtende Majorität selbst zur Befolgung ihrer Gebote verpflichtet ist,[1] wenn nur diejenigen Menschen als „membres du souverain" zu gebieten haben, die auch als „membres de l'état" zu gehorchen verbunden sind.[2] Kurz, wenn die Gesamtheit der Gesamtheit Pflichten auferlegt, so scheint es nach Rousseau kaum weniger zweifelhaft, daß das Wohl der Gesamtheit, d. i. das Wohl aller Glieder der Gemeinschaft zur Richtschnur genommen wird, als daß der einzelne seinen eigenen Vorteil im Auge hat, wenn er allein isoliert sein Handeln bestimmt:

„Pourquoi la volonté générale est-elle toujours droite, et pourquoi tous veulent-ils constamment le bonheur de chacun d'eux, si ce n'est parce qu'il n'y a personne qui ne s'approprie ce mot chacun et qui ne songe à lui-même en votant pour tous? ce qui prouve que l'égalité de droit et la notion de justice qu'elle produit, dérive de la préférence que chacun se donne et par conséquent de la nature de l'homme."[3]

So sehen wir, daß Rousseau dorten, wo es sich um die Möglichkeit des positiven, d. h. menschlich gesetzten Rechts handelt, von den thatsächlichen Charakteranlagen der empirisch gegebenen Menschen ausgeht, so, wie er es im Beginn seines Werks deutlichst angegeben hatte.[4]

---

[1] Der Gedanke findet sich schon im Marsilius von Padua: „Defensor pacis" I, cap. 12: „Adhuc ex universa multitudine magis attenditur legis communis utilitas, eo quod nemo sibi nocet scienter"; ähnlich später Locke: „2 treatises of civil government" II § 143: „They are themselves subject to the laws they have made, which is a new tie upon them, to take care that they make them for the public good."

[2] „... chaque individu ... se trouve engagé sous un double rapport; savoir comme membre du souverain envers les particuliers, et comme membre de l'état envers le souverain." C. s. I, 7 Anfang.

[3] C. s. II, 4. Vgl. auch Emile l. V p. 157: „Un particulier ne saurait être lésé directement par le souverain qu'ils ne le soient tous; ce qui ne se peut, puisque ce serait vouloir se faire du mal à soi-même."

[4] C. s. I, 1: „Je veux chercher si dans l'ordre civil il peut y avoir quelque règle d'administration légitime et sûre en prenant les hommes tels qu'ils sont et les lois telles qu'elles peuvent être." Vgl. auch die Worte, in denen der alternde Rousseau nicht ohne jene müde Resignation, die seiner letzten Periode eigen ist, die Rechtsphilosophen seiner Zeit verweist auf die Leidenschaften der Menschen, durch deren That ein positives Recht doch allein ermöglicht werden könnte: „Messieurs, permettez-moi de vous le dire, vous donnez trop de force à vos calculs, et pas assez au penchant du coeur humain et au

Der Egoismus des Herrschers steht, richtig geleitet, der Freiheit der Unterworfenen nicht im Wege, nein, vielmehr er sichert sogar diese Freiheit, indem er jeden einzelnen antreibt, das Wohl aller zu erstreben als notwendiges Mittel für sein eigenes Wohl. Und welches ist dieses Mittel, durch dessen bewußte Anwendung die psychologische Technik Rousseaus die Oberhand gewinnt über die blinde Selbstsucht der Menschen, welches ist die „Kunst", durch deren methodische Handhabung die einzelnen Glieder der Gemeinschaft gezwungen werden, als Gesetzgeber das Wohl aller zu berücksichtigen? Es ist die Gleichheit aller vor dem Gesetz, die Unmöglichkeit, andern zu gebieten, ohne auch dasselbe sich selbst als zwingende Pflicht aufzuerlegen, die Unmöglichkeit, den eigenen Vorteil zu beachten, ohne auch zugleich den Vorteil aller:

„Dans cette institution, chacun se soumet nécessairement aux conditions qu'il impose aux autres: accord admirable de l'intérêt et de la justice."[1]

Das ist das Prinzip der Rousseauschen égalité, jener berühmten, berüchtigten égalité, deren eherner Klang ein Viertel Jahrhundert später die morschen Mauern des französischen Staates aus den Fugen zu reißen drohte. Die Rousseausche Gleichheit wird das Mittel, um die volonté particulière des einzelnen aufgehen zu lassen in den Egoismus der Gesamtheit:

„Il n'est pas possible que le corps veuille nuire à lui-même, tant que le tout ne veut que pour tous."[2]

In der égalité ist so ein Mittel gefunden zur Verwirklichung des Prinzips der volonté générale:

„Par quelque côté qu'on remonte au principe, on arrive toujours à la même conclusion; savoir que le pacte social établit entre les citoyens une telle égalité, qu'ils s'engagent tous sous les mêmes conditions et doivent tous jouir des memes droits. Ainsi par la nature du pacte tout acte de souveraineté, c'est à dire tout acte authentique de la volonté générale, oblige ou favorise également tous les citoyens."[3]

In der Souveränität der Gesamtheit aber hat Rousseau die Bedingung entdeckt, unter der die naturnotwendige Durchführung der volonté générale als festen Leitsatzes der Beherrschung von Menschen gewährleistet erscheint:

---

jeu des passions. Votre système est très bon pour les gens de l'utopie; il ne vaut rien pour les enfants d'Adam." Lettre du 26 juillet 1767.
[1] C. s. II, 4.
[2] lettre 6me de la montagne p. 126. Vgl. lettre 8me: „toute condition imposée à chacun par tous ne peut être onéreuse à personne".
[3] C. s. II, 4.

„Le souverain ne peut charger les sujets d'aucune chaîne inutile à la communauté: il ne peut pas même le vouloir, car sous la loi de raison rien ne se fait sans cause non plus que sous la loi de nature."[1] In der That: die „loi de raison" ist die Methode, kraft deren Rousseau die Souveränität des Volks statuiert als die notwendige Bedingung der Möglichkeit verpflichtender Menschensatzung: Es ist das allgemeingiltige Gesetz der Determination menschlichen Willens überhaupt, ein psychologisches Grundgesetz, dessen Notwendigkeit so unausweichlich erscheint, als die Gesetze der Physik, die hier „loi de nature" im engeren Sinne genannt werden. Diese „loi de raison": das ist die Bedingung der Möglichkeit jener Synthesis zwischen dem Willen aller und dem allgemeinen Willen. So allein wird es begreiflich, wenn Rousseau erklärt:

„Il n'y a de liberté possible que dans l'observation des lois ou de la volonté générale; et il n'est pas plus dans la volonté générale[2] de nuire à tous que dans la volonté particulière de nuire à soi-même."[3]

So statuiert Rousseau die Gesetzgebungsgewalt der Gesamtheit, insofern sie als ein Organ der volonté générale aufgefaßt und begründet werden kann. Es ist eine pflichtensetzende Befehlsgewalt, die in der Übereinstimmung der Mehrheit[4] zwingende Gebote erläßt, die sich an alle wenden. Sobald in derjenigen Abstimmung, an welcher alle Genossen ausnahmslos Anteil haben, die Majorität sich für den Erlaß eines bestimmten Gebots entschieden hat, ist die Bedingung eingetreten, unter der eine von Menschen gesetzte Norm sich an den Willen aller einzelnen gebieterisch wendet, mögen sie der Mehrheit oder der Minderheit damals angehört haben.

Man hat auf Grund einer leicht mifsverständlichen Stelle im „Contrat social"[5] vielfach angenommen, daß das Rechtsgebot des Rousseau bei näherem Zuschauen nichts anderes sei als eine bescheidene Konventionalregel; gewiß mit Unrecht; denn jene Konvention ist nur die aus der Abstimmung aller hervorgegangene

---

[1] C. s. II, 4.
[2] Vgl. den oben dargelegten Sprachgebrauch S. 23.
[3] Lettre 9ᵐᵉ de la montagne. Man vgl. auch C. s. I, 7: „Or le souverain n'étant formé que des particuliers qui le composent, n'a ni ne peut avoir d'intérêt contraire au leur; par conséquent la puissance souveraine n'a nul besoin de garant envers les sujets parce qu'il est impossible que le corps veuille nuire à tous ses membres."
[4] „La voix du plus grand nombre oblige toujours tous les autres." C.s.IV, 2.
[5] „Qu'est-ce donc proprement qu'un acte de souveraineté? Ce n'est pas une convention du supérieur avec l'inférieur, mais une convention du corps avec chacun de ses membres." C. s. II, 4.

Willenseinheit der Majorität, welche nun erst ihre Macht erweitert und bindende Pflichten setzt für alle Glieder des Volkes, unangesehen, ob sie noch weiterhin mit dem Inhalt jener Gebotsetzung einverstanden sein werden oder auch nur es jemals gewesen sind. Diese „convention", d. h. der übereinstimmende Beschluß der Majorität derjenigen, deren Handeln durch das Prinzip der volonté générale geleitet wird,[1] ist nicht nur die Konstatierung eines zusammentreffenden Inhalts des Willens der Mehrheit, sondern es ist die allgemeingültige Bedingung für die gültige Entstehung eines selbstherrlichen Menschenbefehls, der sich zwingend dem konkreten Willen aller einzelnen entgegenstellt.[2]

Man wird jetzt vielleicht deutlicher gewahr werden, weshalb wir im Beginn unserer Untersuchung auf die scharfe Herausschälung der Kernfrage Rousseauscher Sozialphilosophie ein so großes Gewicht legten. Wäre man sich stets deutlich bewußt geworden, daß unser Autor die anarchistische Skepsis nur aufnahm, um sie zu überwinden, daß er den selbstherrlichen Geltungsanspruch des in seiner formalen Zwangsnatur sehr wohl von ihm erkannten positiven Rechts auf die allgemein gültigen Bedingungen seiner Möglichkeit kritisch prüfen wollte, um ihn so vor aller Anfechtung sicher zu stellen, so wäre man gewiß trotz einiger allerdings schwierigen Stellen von vornherein nicht auf eine Auslegung verfallen, die in dem weiteren Aufbau dieses Systems nichts anderes sieht als die Rückkehr zur Konventionalgemeinschaft, d. h. zum Naturzustand auf der vorgerückten Stufe, dessen Schrecken der „Discours" so anschaulich schilderte, als die Predigt eines die verpflichtende Satzung schlechthin verwerfenden Anarchismus.

Aber vielleicht wird man mir die folgenden Worte Rousseaus entgegenhalten:

„On voit à l'instant qu'il ne faut plus demander ... comment on est libre et soumis aux lois, puisqu'elles ne sont que des registres de nos volontés."[3]

Wie? Sollte in der That diese Philosophie, die in so stolzem

---

[1] „La volonté constante de tous les membres de l'état est la volonté générale; c'est par elle qu'ils sont citoyens et libres." C. s. IV, 2.

[2] Eben dies verkennt z. B. Morley: Rousseau, London 1873, wenn er schreibt (vol. IInd p. 150): „Above all, he only half saw, if he saw at all, that a law is a command and not a contract, because the true view was incompatible with his fundamental assumption of contract as the base of the social union." — Man könnte ebenso argumentieren, daß aus einem Vertrag niemals für beide Kontrahenten bindende Pflichten entstehen könnten, weil jene den Vertrag damals freiwillig eingegangen waren.

[3] C. s. II, 6.

Gedankenflug begann, eine so fadenscheinige Antwort letztlich geben auf ihre kühne Grund- und Ausgangsfrage nach der Vereinigung von Menschenherrschaft und Menschenfreiheit? Sollten in der That, sobald es sich um die Anwendung der naturrechtlichen Konsequenzen handelte, jene selbstherrlichen Gebote, jene „heiligste der Institutionen", in welcher wir, wie durch „himmlische Eingebung" belehrt, die „unwandelbaren Satzungen der Gottheit nachahmen,[1] sollten sie nur deshalb mit der Freiheit vereinbar sein, weil sie gleichsam unvermerkt ihres formalen Geltungsanspruchs sich begaben, in aller Stille darauf verzichteten, „ein Mittel zu sein, die Menschen zu unterjochen",[1] herabsanken zu Mitteln der Konstatierung der zufälligen Interessen und Neigungen, in denen die unberechenbaren Entschlüsse der selbstherrlichen Individuen zusammentrafen und sich für kurz oder lang nach ihrer eigenen souveränen Willkür vereinten? Aber freilich, wenn die „loi" des Rousseau, nach deren scharfer Definition wir so lange schon ausschauten, gefaßt wird als Registrierung unserer konkreten Entschlüsse, insofern sie mit denen der anderen inhaltlich übereinstimmen, so bleibt unsere Freiheit in solcher Konventionalgemeinschaft bestehen, aber wir hörten doch, daß das Gesetz, als Beschluß der bloßen Mehrheit, alle Gemeinschaftsgenossen, auch die in der widersprechenden Minorität Gebliebenen, binden und zwingend verpflichten sollte. Wiederum stehen wir vor der Alternative: Entweder hat man die oben genannte Stelle entgegen dem Rousseauschen Gedanken aufgefaßt oder die bisherigen Kritiker dieser Philosophie haben freie Hand: Der klaffende Widerspruch ist entdeckt, die eitle Sophisterei dieses Systems ist endgültig entlarvt und ans helle Licht des Tages gebracht.

Man wird vielleicht ein wenig damit zurückhalten, das letztere Urteil auszusprechen, wenn man bemerkt, daß unser Autor auch hier wieder, wo es sich um die Verwirklichung einer Herrschaft über freie Menschen handelt, den scheinbaren Widerspruch genau in der hier angegebenen Art formuliert, und dies durchaus nicht in einem Tone, als ob er glaube, daß die Einheit seines Systems endgültig hier scheitern müsse:

„Mais on demande, comment un homme peut être libre et forcé de se conformer à des volontés qui ne sont pas les siennes. Comment les opposants sont-ils libres et soumis à des lois, auxquelles ils n'ont pas consenti?"[2]

Aber freilich, wir müssen fragen: Wie konnte Rousseau diese Frage lösen wollen, indem er das Gesetz auffaßte als die Registrie-

---

[1] Economie pol. 168, 169.
[2] C. s. IV, 2.

rung des allen Gliedern der Vereinigung gemeinsamen Willens und dennoch sich nicht scheuen, die absolut bindende Kraft bloßer Majoritätsbeschlüsse zu behaupten und in einem Atem auszusprechen mit der Freiheit der überstimmten Minorität? Indem wir an der Hand der Quellen untersuchen wollen, wie unser Autor diesen scheinbar unentrinnbaren Widerspruch löst, schicken wir uns an, in den durchdachtesten und bei weitem lehrreichsten, freilich auch den schwierigsten Teil dieser Sozialphilosophie hinabzusteigen und ihn für das Verständnis des Rousseauschen Gedankenganges klarzulegen.

Wir fragen also: Wie konnte Rousseau da noch von „registres de nos volontés" reden, wo in der That es sich nur noch um die bindende Kraft von Majoritätsbeschlüssen handelte? Die Antwort lautet: Er konnte es, weil er nicht die Einheit des konkreten Willensinhalts aller, sondern vielmehr die Einheit des Prinzips ihres Wollens (wie zersplittert und verschieden auch sein Inhalt sein mochte) im Auge hatte. Zur Ausübung einer obersten Herrschaft über Menschen bedurfte es nach ihm nicht einer ausnahmslosen Übereinstimmung aller bezüglich des Inhalts jener Gebote, wohl aber einer absoluten Einheit des Gesichtspunktes, der festen Richtschnur, nach welcher die Majorität allen Gemeinschaftsgenossen gebot, nach der die überstimmte Minorität jener Mehrheit gehorchte. Wie sehr auch immer die Meinungen der Gesamtheit über konkrete Fragen auseinandergehen mochten, so beherrscht doch stetig alle ein Wille, eine konstante Betrachtungsweise, die all' ihren konkreten Entschließungen einheitlich zu Grunde liegt. Und diese Einheit des Willens, was ist sie?

„La volonté constante de tous les membres de l'état est la volonté générale; c'est par elle qu'ils sont citoyens et libres."[1]

Indem jene Majorität des souveränen Volkes die Rücksicht auf das Wohl aller Gemeinschaftsglieder, kurz das alle verpflichtende Gesetz menschlichen Handelns, zur einheitlichen Grundlage ihrer Entschließung nimmt, bindet sie durch ihren Beschluß auch die überstimmte Minderheit, aber sie majorisiert sie nicht. Denn majorisiert werden bei Rousseau bedeutet nicht, wie im Fortgang unserer Untersuchung sich noch deutlicher herausstellen wird, überstimmt werden schlechthin, sondern vergewaltigt werden durch eine Abstimmung derer, welche nach anderen Grundsätzen und Rücksichten sich entschließen, als welche man für das eigene Handeln als bindend anerkennt. Das ist der Sinn jener zunächst so rätsel-

---

[1] C. s. IV, 2.

haft scheinenden Stelle, deren Verständnis gemeinhin daran gescheitert ist, daß man die tiefdurchdachte Scheidung zwischen Übereinstimmung im konkreten Wollen und in der einheitlichen Maxime für alles Wollen entweder gar nicht erkannt oder wenigstens hier unbeachtet gelassen hat:

„Quand on propose une loi dans l'assemblée du peuple, ce qu'on leur demande, n'est pas précisément, s'ils approuvent la proposition on s'ils la rejettent, mais si elle est conforme ou non à la volonté générale qui est la leur: chacun en donnant son suffrage, dit son avis la-dessus; et du calcul des voix se tire la déclaration de la volonté générale."[1]

So wird in dem Rousseauschen Gedankengang die „πολυκοιρανίη" des souveränen Volks zur Einheit, indem sie in der volonté générale den „εἰς κοίρανός" anerkennt, dem ihr konkretes Handeln, soweit es die Ausübung menschlicher Herrschaft betrifft, bescheiden sich unterordnet. Diese Einheit des Gesichtspunkts ist es, die das Volk als rechtliche Gemeinschaft scheidet von jenen „Zusammenkoppelungen" von Menschen, jenem rohen Zusammen und Nebeneinander von Individuen — die Hobbessche Masse von dem Rousseauschen Volk.

In solcher Art sozialer Gemeinschaft ist es möglich, daß die Stimme der Mehrheit die Oberhand gewinnt über die widerstreitende Ansicht der einzelnen, daß die brutale Macht der Stimmenzahl zum ausschlaggebenden Faktor erhoben wird, daß überhaupt die konkreten Entschließungen der einzelnen nach der Zahl ihrer Vertreter gemessen und gewürdigt werden können, weil sie alle nur Antworten sind auf eine Frage: nach den richtigen Mitteln zur Beförderung des Wohls aller.

Es wird hier Pflicht einer gerechten Litterargeschichte, nachdrücklichst darauf hinzuweisen, daß gerade Rousseau, dem man es doch bis zum Übermaße stetig vorgeworfen, den einzelnen zum rechtlosen Sklaven einer willkürlichen Majoritätsherrschaft gemacht zu haben, daß gerade Rousseau es war, der zum ersten Male in scharfsinniger Klarheit die Frage aufwarf, unter welchen Bedingungen und mit welchem Fuge man überhaupt die Stimme der Mehrheit höher werte als die Stimme des ihr widersprechenden einzelnen. Was verlangt wird, ist die Einheitlichkeit der Betrachtungsweise, gemäß deren die einzelnen ihr Gesetzgeberamt verrichten, die Einheit des Gesichtspunkts, nach dem die einzelnen die konkreten Fragen anfassen und beurteilen. Das und das allein ermöglicht es, nach Rousseau die konkreten Ab-

---

[1] C. s. IV, 2.

stimmungsinhalte als gleichartige Größen zu summieren, der Ansicht der vielen den Vorzug zu geben vor der der wenigen, ja überhaupt nur beide miteinander zu vergleichen. Freilich, würde jeder bei der Abstimmung über eine bestimmte Frage der Ausübung der obersten Gewalt seine Entscheidung von ganz andern und von denen der Genossen verschiedenen Kriterien abhängig machen, dann allerdings wäre das inhaltliche Zusammentreffen der einzelnen vota zufällig, und wie hätte eine solche Übereinstimmung in dem konkreten Inhalt der Ansichten über die Wahrheit oder den Irrtum einer alleinstehenden Meinung irgend etwas ausmachen oder auch nur nahelegen können, da jene ja als Antwort auf eine ganz verschiedene Fragestellung gemeint war und nur also gewürdigt werden konnte?

Eine solche Majorität freilich könnte durch die stattliche Zahl ihrer Stimmen nimmer dem einzelnen Dissentienten die Möglichkeit seines Irrtums vor Augen stellen, sie könnte nicht freien Menschen gebieten, sondern nur in brutalem Zwang und roher Willkür den einzelnen vergewaltigen. Eine materiale Übereinstimmung der Mehrzahl im Inhalt des Gewollten läßt sich freilich auch, wie Rousseau nicht verkennt, in einer solchen Gemeinschaft herbeiführen; bezüglich ihrer Würdigung dürfte folgende Stelle von Interesse sein:

„Enfin quand l'état près de sa ruine, ne subsiste plus que par une forme illusoire et vaine, que le lien social est rompu dans tous les coeurs, que le plus vil intérêt se pare effrontément du nom sacré de bien public, alors la volonté générale devient muette; tous guidés par des motifs secrets, n'opinent pas plus comme citoyens que si l'état n'eût jamais existé; et l'on fait passer sous le nom de lois des décrets iniques qui n'ont pour but que l'intérêt particulier."[1]

Fragen wir nochmals zum Schlusse, was der Grund ist, aus dem unser Autor einer solchen Majorität das Recht abspricht, bindende Gesetze zu erlassen, so werden wir keinen anderen entdecken, als daß eben hier die Abstimmung der einzelnen nicht durch das fundamentale Prinzip der volonté générale geleitet und bestimmt wird.

„La faute qu'il commet, est de changer l'état de la question et de répondre autre chose que ce qu'on lui demande: en sorte qu'au lieu de dire, par un suffrage: Il est avantageux à l'état, il dit: Il est avantageux à tel homme ou à tel parti que tel ou tel avis passe."[1]

Wie anders freilich in der Rousseauschen Gemeinschaft, die uns die Möglichkeit rechtlicher Herrschaft im sicherem Einklang mit

---

[1] C. s. IV, 1.

menschlicher Freiheit verbürgen soll: Auch hier kann sich über den Erlaß von allgemeinverbindlichen Befehlen Meinungsverschiedenheit und Zwiespalt erheben, kann es notwendig werden, daß die Stimme der Mehrheit über die Ansicht der Minderheit schließlich den Sieg behauptet, aber solange nur die volonté générale als einheitlicher Richtpunkt der Entschließung in Geltung steht, wird jene Gehorsamspflicht, die der Wille der Mehrheit auch jenen auferlegt, dem überstimmten einzelnen nimmer als Vergewaltigung erscheinen; stritt man ja nur über die Mittel und war über den Zweck, d. h. die Notwendigkeit der Rücksicht auf das gemeine Beste mit allen einig. Weit entfernt, brutale Majorisierung zu sein, war jene Befehlsgewalt der Mehrheit nur für den einzelnen bindend, indem sie ihn belehrte, daß die Majorität seiner Genossen gerade in Beurteilung der von ihm selbst beantworteten Frage anders dachte als er selbst:

„Quand donc l'avis contraire au mien l'emporte, cela ne prouve autre chose, sinon que je m'étais trompé et que ce que j'estimais être la volonté générale, ne l'était pas."[1]

Die volonté générale, das ist das Scepter, das Wahrzeichen, vermittelst dessen die Gesamtheit ihren Anspruch, über den einzelnen zwingend zu herrschen, vor dem hohen Richterstuhle des Naturrechts begründet und zur Anerkennung bringt. Aber diese Anerkennung schwindet, sobald der sichere Beweis mißlingt, daß diese oberste Gewalt die Rücksicht auf das gemeine Beste zur unabweichlichen Richtlinie ihrer Gebotsetzung wählt.

Mit anderen Worten: Rousseau verwendet die volonté générale nicht nur als sichere Methode, um die Herrschaft der Gesamtheit über den einzelnen zu begründen, sondern auch zugleich, um die unüberschreitbaren Schranken dieser Herrschaft auf das eindringlichste festzulegen. Wo die Psychologie vermittelst ihrer grundlegenden Gesetzlichkeit die thatsächliche Durchführung dieses Princips nicht mehr gewährleisten kann, da hat das Machtbereich des souveränen Volks seine notwendige Grenze, deren Überschreitung das Naturrecht in Gemäßheit seiner unwandelbaren, strikten Normen als brutale Gewalt brandmarkt, als rohe Willkür, die weitab liegt von der einen Straße, die zum positiven Rechte führt.

Wie steht es nun mit der Machtbefugnis der Gesamtheit, wenn sie ihr Gebot nicht an alle Glieder der Gemeinschaft, sondern nur an einen oder mehrere einzelne richtet?

Wir dürfen hoffen, daß unser Autor auch diese Frage in strenger Festhaltung seiner bisherigen Methode behandeln und lösen wird.

---
[1] C. s. IV, 2.

An die oben zitierten Worte reiht Rousseau, gleichsam auf die späteren Gedankengänge, die wir jetzt zu betrachten haben, hinweisend, die Worte:

„Nous verrons ci-après qu'il ne peut nuire à aucun en particulier. Le souverain par cela seul qu'il est, est toujours tout ce qu'il doit être."[1] Der Souverän, als solcher ist immer das, was er sein soll, ein kühner Satz, so recht geeignet, geschichtlich widerlegt zu werden, wenigstens von allen denen, welche nun einmal nicht davon lassen können, die selbständige Wissenschaft des Rousseauschen droit politique historisch aufzufassen und also zu werten. Aber gerade indem wir eine solche Auffassung dieses rechtsphilosophischen Systems als mit den Grundsätzen einer exakt wissenschaftlichen Litterargeschichte unverträglich erkannten, und uns ernstlichst bemühten, das Verständnis des Gedankenganges unseres Autors und nicht etwa unsere zufälligen wissenschaftlichen Neigungen zum Maßstab litterarhistorischer Wahrheit zu erheben, fragen wir, in welchem Sinne Rousseau die genannte These aufgenommen wissen wollte.

Bleibt in der That das souveräne Volk ein Organ der volonté générale, auch wenn es nur einem einzelnen befiehlt?

Man könnte antworten, daß die Frage müßig sei, weil eben die gültige Gewalt der Gesamtheit soweit nicht reicht:

„La loi ne peut par sa nature avoir un objet particulier et individuel."[2]

Aber mit diesem Rousseauschen Machtspruch dürfen wir uns nicht ohne weiteres zufrieden geben; er enthält für uns keine Lösung, sondern bezeichnet nur ein neues Problem; es gilt dieser Rousseauschen These den Schein des regellosen Machtspruches zu nehmen und sie in der Einheit des Systems zu betrachten und zu würdigen. „Was ist denn das, ein „objet particulier" und gemäß welcher Methode beweist denn Rousseau, daß es niemals Gegenstand eines Gesetzes werden kann?

„Quand je dis que l'objet des lois est toujours général, j'entends que la loi considère les sujets en corps et les actions comme abstraites, — jamais un homme comme individu ni une action particulière."[3]

Aber das ist ja offenbar falsch, könnte man hier versucht sein einzuwenden; das Gesetz solle seinem Begriffe nach überhaupt nicht über konkrete Dinge bestimmen können? Haben nicht uns Juristen

---

[1] C. s. I, 7.
[2] Lettre 6ᵐᵉ de la montagne p. 126.
[3] „Cont. soc." II, 6.

erst neuerdings die Untersuchungen Labands deutlichst vom Gegenteil überzeugt? Und noch ganz kürzlich hat Rudolf Stammler[1] dem beigepflichtet.

Hierauf antworten wir, daß wir auf dieser Stufe unserer Erkenntnis noch kein begründetes Recht besitzen, die wissenschaftliche Arbeit der genannten Meister der Jurisprudenz mit den Einzelthesen der Rousseauschen Sozialphilosophie in Parallele zu setzen: Erst wenn wir die wissenschaftliche Methode unseres Autors in Sicherheit aufgezeigt haben, können wir es unternehmen, zu prüfen, ob es überhaupt einen gemeinsamen Boden giebt, auf welchem die Frage nach der Wahrheit der einen oder anderen Ansicht in einer beiden Teilen gerecht werdenden Kritik ausgemacht und endgültig entschieden werden kann.

Nun hat man sich, was das Warum der hier in Frage stehenden Rousseauschen These angeht, bis dato damit begnügt, auf Grund einer allerdings leicht mißverständlichen Stelle[2] zu referieren, daß die Gesamtheit in Ausübung ihrer obersten Gewalt einem einzelnen Glied der Gemeinschaft, losgelöst von den anderen, nicht gebieten dürfte, weil die Angelegenheiten eines einzelnen für die Gesamtheit „kein Interesse" hätten, für diese nicht von Bedeutung[3] wären. Es ist wohl auf die etwas stiefmütterliche Behandlung der

---

[1] „Praktische Pandektenübungen für Anfänger", 2. Aufl. 1896, Einleitung S. 10—12.

[2] „Je dis sur un objet d'intérêt commun, parce que la loi perdrait sa force et cesserait d'être légitime, si l'objet n'en importait à tous." Lettres écrites de la montagne, l. 1re p. 126.

[3] Vgl. von den Neuern z. B. Liepmann, a. a. O. S. 36, der im Anschluß an die wörtliche Wiedergabe der letztgenannten Stelle nur bemerkt: „Sein Wert (?) liegt in der Abwendung von dem Einzelinteresse, in seiner Gattungsnatur." — Von früheren Darstellern vgl. Brockerhoff: „Jean Jacques Rousseau, Sein Leben und seine Werke" B. 3 S. 123; Kahle: „Rousseaus Contrat social", Berlin 1834, S. 9: Diesem Schriftsteller kommt wenigstens die Fadenscheinigkeit dieses Grundes zum Bewußtsein (S. 26), wie wenig auch sonst diese „Beurteilung" durch ein tieferes Verständnis der Rousseauschen Problemstellung und Methode sich von ähnlichen Arbeiten der Zeit unterscheidet; vgl. schließlich noch Morley: Rousseau, London 1873, der nachdem er sein Verständnis für die Rousseausche Philosophie durch die Worte bezeugt hat: „Hi did not look long enough at given laws, and hence failed to seize all their distinctive qualities" (II. p. 150), es wiederum Rousseau hoch anrechnet, daß er die Eigenschaft des „Allgemeinen" als Begriffsmerkmal des Gesetzes ebenso richtig behauptet habe, wie wir zwischen Gesetz und Veordnung („im materialen Sinne") unterscheiden. Freilich dieser Schriftsteller „widerlegt" sogar die Lehre von der Volkssouveränität dadurch, daß er bemerkt, es handele sich um „a number of definitions, analysed as words, not compared with the facts of which the words are representatives". Diese Art politische Theorie zu betreiben, habe Rousseau in Stand gesetzt, sich ein Ansehen von Sicherheit und Präzision zu geben, welches „beschränkte deduktive Gemüter" völlig gefangen halte. —

Rousseauschen Souveränitätslehre überhaupt zurückzuführen, auf das alte Dogma von seiner Verherrlichung der Despotie der Majorität, die mit seinem „individualistischen Ausgangspunkt" in Widerspruch stehen solle, kurz auf die mangelnde Beobachtung der festen methodischen Schranken des Rousseauschen Souveränitätsbegriffs, daß man das wenig Einleuchtende, wo nicht gar völlig Nichtssagende einer solchen Begründung nicht genügend hervorgehoben und gerügt hat. Wenn es sich um die zwingende Einwirkung auf einen einzelnen handele, so fehle nach Rousseau das gemeinsame Interesse: Soll in der That unser Autor ein so kurzsichtiger Beobachter sozialer Geschichte gewesen sein, daß er gänzlich verkannt habe, von welch weittragender Bedeutung für die Gesamtheit, kurz von welch intensivem öffentlichen Interesse gerade die selbstherrliche Regulierung des Verhaltens eines einzelnen Gemeinschaftsgliedes werden kann und häufig genug gewesen ist. Hat ein Rousseau wirklich gedacht, es interessiere die Gesamtheit nicht, ob man einen einzelnen zwinge, sein Vermögen oder gar sein Leben zu opfern? Haben wir vielleicht hier eine Einzelart des Rousseauschen Manchestertums vor uns, darin bestehend, daß dieser Autor die Unstatthaftigkeit singulärer Einwirkung der obersten Gewalt aus der Bedeutungslosigkeit solchen Thuns für das Interesse der Gesamtheit deduziert habe? Lassen wir Rousseau selbst sich verteidigen:

„La sûreté particulière est tellement liée avec la confédération publique, que sans les égards que l'on doit à la faiblesse humaine, cette convention serait dissoute, par le droit, s'il périssait dans l'état un seul citoyen qu'on eût pu secourir, si l'on en retenait à tort un seul en prison et s'il se perdait un seul procès avec une injustice évidente... En effet, l'engagement du corps de la nation n'est-il pas de pourvoir à la conservation du dernier de ses membres avec autant de soin qu'à celle de tous les autres? et le salut d'un citoyen est-il-moins la cause commune que celui de tout l'état?"[1]

Diese wenigen Sätze, deren Zahl sich leicht verdreifachen ließe, dürften genügen, um nahezulegen, daß die hier in Frage stehende Auslegung dem Gedankengang unserers Autors schwerlich entsprechen kann. Gerade weil Rousseau die allgemeine Bedeutung der sozialen Einwirkung auf den einzelnen auf das klarste erkennt, wird ihm hier und an anderen Stellen die Art der Einwirkung und die feste Bestimmung der Bedingungen, unter denen sie stattfinden darf, zum wichtigen Problem:

„Sitôt que cette multitude est ainsi réunie en un corps, on ne peut offenser un des membres, sans attaquer le corps."[2]

[1] „Economie politique" p. 176, 177.
[2] C. s. I, 7.

Nicht als ob nicht thatsächlich der Opfertod des einzelnen Patrioten geradezu über das Leben und den Tod der Gesamtheit entscheiden könne: Vielmehr erblickt gerade Rousseau in solchem Thun, insofern es gerade in Erwägung eben dieser sozialen Wirkung freiwillig geschieht, das schönste Beispiel reiner Vaterlandsliebe. Ebenso verdammenswert aber wäre es nach unserem Autor, wenn das Recht sich durch die Rücksicht auf solche thatsächlichen Interessen der Gesamtheit wollte leiten lassen.[1]

Und vielleicht sind wir damit auf dem Weg, den zutreffenden Grund aufzuhellen, aus welchem Rousseau der obersten Gewalt Schranken zieht, sobald es sich um singuläre Einwirkung auf einen einzelnen Genossen der Gemeinschaft handelt.

Die Psychologie war es letztlich gewesen, die Rousseau auf den Gedanken brachte, ob man nicht den Willen aller, insofern er sich an alle gleichmäßig richtete, als Träger des allgemeinen Willens aufzufassen berechtigt wäre, die volonté générale im quantitativen Sinne, sonst auch volonté de tous genannt, als Organ der volonté générale, in qualitativer Beziehung als Grundsatz gedacht, schlechthin zu bezeichnen. In konsequenter Durchführung dieser Methode erhob sich für Rousseau die Frage, ob der Wille aller oder der Wille der Mehrzahl als getreues Organ der volonté générale noch gedacht werden könne, wenn er seine Befehle nur an einzelne Glieder der Gemeinschaft richte. Darauf antwortet Rousseau in etwas schwerfälligem Stile also:

„La volonté générale" (soll heißen: die volonté de tous, insofern sie, als über alle beschließend, Organ der volonté générale als des das Wohl aller betreffenden Prinzips ist) „à son tour change de nature, ayant un object particulier, et ne peut comme générale prononcer ni sur un homme ni sur un fait."[2]

Mit anderen Worten: die Berechtigung des Sprachgebrauchs, welcher die thatsächliche Willensübereinstimmung der Mehrheit volonté générale schlechthin nannte, weil dieses sowohl in quantitativer, als in qualitativer Hinsicht richtig war, nimmt jedenfalls ein Ende, sobald die Gesamtheit nicht mehr der Gesamtheit, sondern einem Einzelnen befiehlt; natürlich ist auch hier eine Einigung der

---

[1] Mais si l'on entend qu'il soit permis au gouvernement de sacrifier un innocent au salut de la multitude, je tiens cette maxime pour une des plus exécrables que jamais la tyrannie ait inventées, la plus fausse qu'on puisse avancer, la plus dangereuse qu'on puisse admettre et la plus directement opposée aux lois fondamentales de la société. Loin qu'un seul doive périr pour tous, tous ont engagé leurs biens et leurs vies à la défense de chacun d'eux." Ec. pol. p. 177.

[2] C. s. II, 4.

Majorität, ja sogar aller bezüglich des Inhalts des Gebots denkbar;[1] aber diese Willenseinheit beruhet nicht mehr auf der Einheit des zu grunde liegenden Prinzips, die volonté de tous ist nicht mehr zugleich auch volonté générale.

Und warum nicht? Hierauf antwortet Rousseau gleichfalls im vierten Kapitel des zweiten Buchs des „Contrat social", vielleicht dem durchdachtesten, aber auch schwierigsten Abschnitt dieses Werks also:

„En effet, sitôt qu'il s'agit d'un fait ou d'un droit particulier sur un point qui n'a pas été réglé par une convention générale et antérieure, l'affaire devient contentieuse; c'est un procès, où les particuliers intéressés sont une des parties et le public l'autre, mais où je ne vois ni la loi qu'il faut suivre ni le juge qui doit prononcer. Il serait ridicule de vouloir alors s'en rapporter à une expresse décision de la volonté générale, qui ne peut être que la conclusion de l'une des parties et qui par conséquent n'est pour l'autre qu'une volonté étrangère, particulière, portée en cette occasion à l'injustice et à l'erreur."

Erinnern wir uns der Art und Weise, in welcher Rousseau die Macht der Gesamtheit, das Handeln ihrer selbst bindend zu normieren, begründet hatte, so werden wir im Gegensatz hierzu die Bedeutung der citierten Stelle leichter verstehen können. Irgendwelche Hoffnung dafür, daß die Beherrschung des einzelnen durch die Gesamtheit dem Wohl der Unterworfenen nicht entgegenstand, ergab sich uns aus der Erwägung des Egoismus jedes einzelnen Mitglieds der Gesamtheit, da dieser andern nur diejenigen Pflichten auferlegen konnte, welche er selbst für sein eigenes Verhalten als bindend anerkannte. Wie aber, wenn die Gesamtheit nicht darüber beschließen sollte, ob jeder im Volk etwa eine und dieselbe Abgabe entrichten, sondern ob etwa einzelne ganz bestimmte Volksgenossen ihr Hab und Gut verlieren sollten, wenn das Volk darüber abstimmt, nicht ob die Gesamtheit, sondern ob die drei Horatier siegen oder sterben sollten? Ein so konsequenter Denker wie Rousseau mußte auf Grund seiner psychologischen Prämissen hier zu dem Resultat kommen, daß eine solche Abstimmung je nach der verschiedenen Wirkung des in Frage stehenden Befehls auf die Lage der einzelnen

---

[1] „Quand le peuple d'Athènes, par exemple, nommait on cassait ses chefs, décernait des honneurs à l'un, imposait des peines à l'autre, et par des multitudes de décrets particuliers, exerçait indistinctement tous les actes de gouvernement le peuple alors n'avait plus de volonté générale proprement dite, il n'agissait plus comme souverain, mais comme magistrat. Ceci paraîtra contraire aux idées communes, mait il faut me laisser le temps d'exposer les miennes." C. s. II, 4.

die Gesamtheit in zwei Lager teilen mußte, derart, daß eine Abstimmung, insofern sie jeweilig naturnotwendigerweise in Rücksicht auf das Wohl der einen der Parteien geschah, eine Berücksichtigung des Wohls der andern, die ja durch die Durchführung des Gebots ganz anders getroffen wurde, durchaus nicht gewährleistete. Auch hier kann es sich sehr wohl um Dinge von „allgemeinem Interesse" handeln, aber es fehlet dennoch die Interessengemeinschaft: das Interesse des einen ist nicht zugleich das Interesse des andern. Indem der Einzelne vermöge seines Egoismus sein eigenes Wohl berücksichtigt, berücksichtigt er damit zugleich freilich das Wohl seiner Partei, nicht aber das Wohl der Gesamtheit; betrachten wir ihn als Parteigenossen, so ist seine Maxime volonté générale, im Verhältnis zur Gesamtheit gedacht, ist er der Träger einer volonté particulière.[1] Auch hier vermag sich wohl eine überwältigende Majorität zu ergeben, aber die Zahl der Stimmen verlieret hier ihre Würde, weil sie Parteiinteressen, nicht Volksinteressen im Auge hat. Und stände nur ein einziger auf dem andern Lager, jene überwältigende Majorität zerflösse in ein Nichts gegenüber jener einzigen Stimme, die nach ganz anderer Rücksicht sich entschied; wir hätten nicht eine Abstimmung und ein Resultat, sondern ebenso viele Abstimmungen, wie Kriterien der Entscheidungen, so viele Urteile, wie Parteien und keinen Richter, der ihren Dissens nach allgemeinverbindendem Gesetz beurteilen und lösen könnte.[2] Die volonté générale ist tot und damit die Herrschaft der Gesamtheit zu Ende; wollte jene Majorität dem überstimmten Einzelnen ihre Meinung aufzwingen, so könnte mit nichten auf die brutale Zahl ihrer Stimmen sich berufen, es bliebe rohe, rechtsungiltige Willkür und gewaltthätige Majorisierung, es hätte die menschliche Herrschaft die unüberbrückbaren Schranken, die das Naturrecht ihr gezogen, überschritten, die Freiheit der Beherrschten wäre zu Ende, das positive

---

[1] Vgl. bezüglich der Relativität der volonté générale S. 12 ff. In Berücksichtigung dessen dürfte auch die folgende Stelle im Sinne des Textes verstanden werden: „J'ai déjà dit qu'il n'y avait point de volonté générale sur un objet particulier. En effet, cet objet particulier est dans l'état ou hors de l'état. S'il est hors de l'état, une volonté qui lui est étrangère n'est point générale par rapport à lui, et si cet objet est dans l'état, il en fait partie: alors il se forme entre le tout et sa partie une relation qui en fait deux êtres séparés, dont la partie est l'un et le tout moins cette partie est l'autre. Mais le tout moins une partie n'est point le tout; et tant que ce rapport subsiste, il n'y a plus de tout, mais deux parties égales; d'où il suit que la volonté de l'une n'est point non plus générale par rapport à l'autre." C. s. II, 6.

[2] ... „un caractère d'équité qu'on voit évanouir dans la discussion de toute affaire particulière faute d'un intérêt commun qui unisse et identific la règle du juge avec celle de la partie. C. s. II, 4.

Recht in seiner Geltung zerstört und der Naturzustand von neuem hereingebrochen.

So begreifen wir jetzt erst völlig, wenn Rousseau erklärt: „On doit concevoir par là que ce qui généralise la volonté est moins le nombre des voix que l'intérêt commun qui les unit."[1] Der Inhalt eines Gebots der souveränen Gesamtheit muß nicht nur alle interessieren, sondern er muß alle in derselben Weise interessieren, alle Glieder der Gemeinschaft auf dieselbe Weise treffen, sie müssen ihm gegenüber eine Interessengemeinschaft bilden, damit ihre durch den Egoismus bestimmte volonté particulière zugleich auch als volonté générale gedacht und aufgefaßt werden kann. Dieser Gedankengang, der im folgenden die notwendige Erläuterung und Klärung noch erhalten wird, ist vielleicht am einfachsten und deutlichsten in einer erst kürzlich durch die Dreyfussche Ausgabe der nachgelassenen Schriften Rousseaus bekannt gewordenen Fassung ausgesprochen, die sich in dem vierten Kapitel des zweiten Buchs der Genfer Handschrift des „Contrat social" findet. Es heißt dort also:

„Comme la chose statuée se rapporte nécessairement au bien commun, il s'ensuit que l'objet de la loi doit être général ainsi que la volonté qui la dicte, et c'est cette double universalité qui fait le vrai caractère de la loi. En effet, quand un object particulier a des relations diverses avec divers individus, chacun ayant sur cet objet une volonté propre, il n'y a point de volonté générale parfaitement une sur cet objet individuel."

Kurz, die Einheit des Prinzips der volonté générale, die der Abstimmung der menschenbeherrschenden Gesamtheit notwendig zu grunde liegen muß, erscheint ausgeschlossen, sobald es sich um ein Gebot handelt, welches nicht allen Abstimmenden dieselben Pflichten auferlegt. Denn da in solchem Falle die Durchführung der sozialen Norm rücksichtlich des Wohls und Wehes der Einzelnen verschiedene Folgen haben wird, jeder einzelne Genosse aber die jeweilig zu erwartende Wirkung der Maßnahme auf seine eigene Lage vermöge seines Egoismus zum ausschlaggebenden Gesichtspunkt seiner Abstimmung nimmt, so bleibt die Maxime der Einzelnen im Hinblick auf das Wohl aller volonté particulière, weil in diesem Falle die Erwägung des rechten Mittels zur Beförderung des eigenen Wohls nicht zugleich als Berücksichtigung des (doch von andern Mitteln abhängigen) Wohls aller andern aufgefaßt und einheitlich gedacht werden kann. Dieses letztere aber ist notwendig, damit das Gesetz des Egoismus eine Verwirklichung der volonté générale überhaupt

---

[1] C. s. II, 4.

vermitteln und sicher gewährleisten kann. Dieser Grundsatz muß herrschen, soll die Herrschaft von Menschen über Menschen etwas anderes sein als rohe Willkür und nackte Gewalt. Aber der Inhalt des Gesellschaftsvertrags hatte die Aufgabe, die Bedingungen aufzuzeigen, unter denen in der Welt der Thatsachen eine strenge Durchführung dieses Prinzips überhaupt ermöglicht werden konnte. Da durfte denn nicht über den empirisch gegebenen Menschen und seine Natur, wie ihn eine vorgeblich exakte Psychologie zu erkennen vorgab, achtlos und voll theoretischen Hochmuts hinweggesehen werden. Handelte es sich ja um das notwendige Mittel zur Erzeugung des positiven Rechts. So galt es denn, das Mittel zu solch hohem Zwecke tauglich zu gestalten, die menschliche Natur nicht in ihrer Eigenart zu verkennen, sondern grade auf Grund der ihr innewohnenden Gesetzlichkeit technisch zu beherrschen. Die scheinbar unversöhnlichen Gegensätze der volonté générale, d. h. der Rücksicht auf das Wohl aller, und der in der Welt des Seins herrschenden volonté particulière, die nur die Rücksicht auf das liebe Ich kannte, galt es zu versöhnen. Die psychologischen Grundgesetze anders regeln zu wollen, das kam Rousseau hier nicht in den Sinn; er mußte „die Menschen nehmen, wie sie sind",[1] das Sollen des Naturrechts schaffte den Egoismus nicht aus der Welt; so mußte denn mit ihm gerechnet werden.

Aber eben diese Erwägung setzte voraus, daß der contral social nicht von den Schöpfern des Rechts verlangte, daß sie die volonté générale zum letzten Endzweck ihres Handelns machten; die Beherrschung von Menschen unter Berücksichtigung des Wohls der Unterworfenen war ja auch denkbar, wenn die Herrscher diese Maxime nur befolgten als Mittel zur Erreichung ihres eigenen Vorteils, ja sogar, wenn die selbst ausschließliche Erwägung des Wohls der Gebietenden überhaupt nur zugleich als Berücksichtigung des Wohls der Gehorchenden gedacht und sozusagen mit dieser idenfiziert werden konnte. Zu diesem Zwecke mußte die Stellung der Herrschenden hinsichtlich der Durchführung des Gebots dieselbe sein, wie die der Gehorchenden: die Herrscher mußten mit den Beherrschten zusammenfallen; dann konnten sie durch ihre Herrschaft ihr eigenes Wohl garnicht berücksichtigen, ohne nicht zugleich auch das der andern zu befördern, ihrer Genossen im Herrschen und im Gehorchen. Das Wohl der einzelnen mußte gleichbedeutend werden mit dem Wohl aller andern; dann sann der, welcher bei der Ausübung der Herrschaft den eigenen Vorteil allein erwog, dennoch eben damit auch auf den Vorteil aller: die volonté particulière fiel

[1] C. s. Vorwort.

zusammen mit der volonté générale. Die Gleichheit aller vor dem Gesetz war das Mittel zur Aufrechterhaltung der Freiheit aller, d. h. zu ihrer Beherrschung nach dem Leitgedanken der volonté générale.

„Le pacte social établit entre les citoyens une telle égalité qu'ils s'engagent tous sous les mêmes conditions el doivent jouir tous des mêmes droits. Ainsi par la nature du pacte, tout acte de souveraineté, c'est-à-dire tout acte authentique de la volonté générale, oblige ou favorise également tous les citoyens; en sorte que le souverain connaît seulement le corps de la nation et ne distingue aucun de ceux qui la composent."[1]

Mit anderen Worten: Eine sichere Durchführung der volonté générale ist nur möglich, wenn die Gesamtheit der Gesamtheit gebietet und nicht einem einzelnen;[2] es ist dies die notwendige Bedingung, unter der allein die volonté de tous in der Welt der Erfahrung als „acte authentique de la volonté générale" gelten kann.

„La volonté générale pour être vraiment telle, doit l'être dans son objet ainsi que dans son essence."

Das soll heißen: Damit ein Wille wahrhaft allgemein sei, nicht nur in quantitativer Rücksicht bezüglich der Zahl seiner Vertreter, sodern allgemein gerichtet sei auf ein Ziel, das für alle gilt und gelten soll, muß er sich auf eine Gebotsetzung beziehen, deren Durchführung für das Wohl und Wehe aller Gemeinschaftsglieder von gleicher Bedeutung ist:

... „Qu'elle doit partir de tous, pour s'appliquer à tous; et qu'elle perd sa rectitude naturelle, lorsqu'elle tend à quelque objet individuel et déterminé, parce qu'alors, jugeant de ce qui nous est étranger, nous n'avons aucun vrai principe d'équité qui nous guide."[3]

Und damit dürfte klargelegt sein, kraft welcher Notwendigkeit das rechtliche Gebot als Menschensatzung von allen ausgehen muß, um sich an alle zu wenden: Es ist die Beobachtung der souveränen Sätze des „droit naturel", die Notwendigkeit der Durchführung der volonté générale.

Aber hat der contrat social damit seine Aufgabe gelöst? Können diese Anweisungen genügen, um unter allen Umständen eine Verwirklichung des Prinzips der volonté générale in der Welt der Erfahrung zu gewährleisten?

---

[1] C. s. II, 4.
[2] „Les citoyens étant tous égaux par le contral social, ce que tous doivent faire, tous peuvent le prescrire, au lieu que nul n'a droit d'exiger qu'un autre fasse ce qu'il ne fait par lui-même." C. s. III, 16.
[3] C. s. II, 4.

Es wäre ein schwerer Irrtum, wollte man dieses als Meinung unseres Autors behaupten. Auch läßt sich leicht nach dem bisher Gesagten eine Berichtigung dieser Ansicht als Konsequenz des bisherigen Beweisgangs Rousseaus aufstellen. Wir haben schon oben, darauf hingewiesen, daß die subjektive Maxime des einzelnen an der Aufstellung eines für alle verbindlichen Gebots beteiligten Gemeinschaftsgenossen nur dann zugleich als volonté générale aufgefaßt werden könnte, wenn er an der Durchführung, resp. Nicht-Durchführung des Gebots „dasselbe Interesse" hätte wie alle andern. Nun ist aber leicht einzusehen, daß, um das Wohl des einzelnen mit dem aller andern in einer bestimmten Sache identifizieren zu dürfen, es nicht ohne weiteres genügen kann, dem einen dasselbe zu gebieten, wie dem andern. Die Einheit des Mittels sozialer Einwirkung bewirkt noch lange nicht hinsichtlich des Wohls und Wehes aller Individuen denselben Erfolg, solange nicht diejenigen, auf deren Handeln bestimmend eingewirkt werden soll, hinsichtlich solcher gleichmäßigen Einwirkung auch auf dieselbe Weise reagieren. Rousseau wäre der letzte gewesen, der übersehen hätte, daß die Durchführung ein und derselben allverbindlichen Norm dem einen förderlich, dem andern verderblich sein könnte. Darum forderte er in Dingen der Gesetzgebung zwar nicht eine unbedingte Allgemeinheit der Stimmenzahl, wohl aber eine unbedingte Gemeinsamkeit des Interesses[1] oder um hier diesen vagen Terminus der Tagespolitik vor jeder Unklarheit zu sichern: Das Rousseausche „intérêt commun", welches die Abstimmungen „vereinigt", indem es den Willen jedes einzelnen „verallgemeinert", enthält als allgemeingültige Bedingung der Ausübung der Volkssouveränität ihre Einschränkung auf diejenigen Gegenstände, welche alle Glieder der Gemeinschaft pathologisch (nach Lust und Unlust) auf dieselbe Weise affizieren. Damit hat Rousseau in streng konsequenter Festhaltung seiner Methode das Bereich allgemeinverbindlicher sozialer Regelung auf diejenigen Normen eingeschränkt, welche als einheitliche Mittel zur Beförderung des Wohls aller Glieder der Gemeinschaft aufgefaßt und angewandt werden können. Nicht nur die Gleichheit aller vor dem Gesetz, d. h. die Gleichheit der Anwendung und Durchführung

---

[1] „La première et la plus importante conséquence des principes ci-devant établis est que la volonté générale peut seule diriger les forces de l'état selon la fin de son institution qui est le bien commun; car si l'opposition des intérêts particuliers a rendu nécessaire l'établissement des sociétés, c'est l'accord de ces mêmes intérêts qui l'a rendu possible. C'est ce qu'il y a de commun dans ces différents intérêts qui forme le lien social, et s'il n'y avait pas quelque point dans lesquels tous les intérêts s'accordent, nulle société ne saurait subsister. Or c'est uniquement sur cet intérêt commun que la société doit être gouvernée." C. s. II, 1.

desselben Gebotsinhalts allen einzelnen Genossen gegenüber, sondern vor allen Dingen die Gleichheit aller gegenüber dem Gesetz, d. h. die Gleichheit der Wirkung eben dieser Anwendung auf das Wohl und Wehe sämtlicher Gemeinschaftsglieder[1] ist die notwendige Bedingung für eine Herrschaft über freie Menschen, für eine rechtliche Gemeinschaft. Schon konnte es scheinen, als ob unser Philosoph mit dieser nachdrücklichen Festsetzung der Gleichheit aller vor dem Gesetz sein naturrechtliches Gewissen beruhigt und garnicht weiter erwogen hätte, ob denn diese Ausscheidung konkreter Fragen aus dem Ressort des Gesetzes eine einheitliche Berücksichtigung des Wohls aller Gemeinschaftsgenossen bei der Festsetzung der rechtlichen Gebote auch schlechterdings und unter was für empirischen Umständen auch immer gewährleistete und verbürge. Kurzum diese Philosophie schwebte in der Gefahr, die formelle Allgemeinverbindlichkeit nicht sowohl als notwendiges Merkmal des Gesetzes aufzunehmen, sondern vielmehr als schlechthin den Begriff der „loi" erschöpfende Eigenschaft zu hypostasieren, der fundamentalen Aufgabe vergessend, als deren Instrument jene Gleichheit aller vor dem Gesetz allein methodisch gewürdigt und in ihrer Berechtigung erkannt werden konnte, losgelöst von welcher sie aber jeden systematischen Zusammenhang und damit jeden verständigen Sinn schlechterdings einbüßen mußte.

Indem die formelle Gleichheit aller vor dem Gesetze unter feste Kontrolle gestellt ward, war ihr entscheidender Einfluß auf eine endgültige Fixierung des Begriffs des Gesetzes definitiv gebrochen; die Methode, kraft derer jene erstere als nützliches Werk-

---

[1] Vgl. zu dem Gesagten: besonders die folgende Stelle am Schluß des ersten Buchs des C. s.: „Je terminerai ce chapitre et ce livre par une remarque qui doit servir de base à tout le système social; c'est qu'au lieu de détruire l'égalité naturelle, le pacte fondamental substitue au contraire une égalité morale et légitime à ce que la nature avait pu mettre d'inégalité physique entre les hommes et que pouvant être inégaux en force et en genie, ils deviennent tous égaux par convention et de droit." Und hierzu die Note, deren Tragweite wir später noch genauer würdigen werden, wenn wir uns mit der den Inhalt des seinem Begriff nach festgelegten positiven Rechts betreffenden Philosophie Rousseaus zu beschäftigen haben werden: „Sous les mauvais gouvernements cette égalité n'est qu'apparente et illusoire; elle ne sert qu'à maintenir le pauvre dans sa misère, et la riche dans son usurpation. Dans le fait, les lois sont toujours utiles à ceux qui possèdent, et nuisibles à ceux qui n'ont rien, d'où il suit que l'état social n'est avantageux aux hommes qu'antant qu'ils ont tous quelque chose et qu'aucun d'eux n'a rien de trop." — Es verdient hervorgehoben zu werden, daß Stahl den Rousseauschen Begriff der égalité als einer Bedingung der Verwirklichung der volonté générale richtig bezeichnet hat. Vgl. dessen Gesch. der Rechtsphilosophie 3. Aufl. 1854 S. 307. Vgl. auch Streckeisen-Moultou oeuvres inédites de J. J. Rousseau, p. 351: „Les lois et l'exercice de la justice ne sont parmi nous que l'art de mettre le grand et le riche à l'abri des justes représailles du pauvre."

zeug überhaupt herangezogen worden war, hatte ihre selbständige Kompetenz in dieser Frage gewahrt, sie übte ihr Richteramt in einem Verfahren, dessen unfehlbare Sicherheit durch den neuen Begriff der Gleichheit errungen war. Die Gleichheit der Wirkung eines Gebots auf das Wohl und Wehe aller Gemeinschaftsglieder entschied jetzt darüber, ob jene formelle Gleichheit aller vor dem Gesetz auch in concreto ihre Aufgabe erfüllt und die Geltung des Prinzips der volonté générale in der Abstimmung der Gesamtheit gesichert habe. Damit aber war die sichere Erkenntnis erlangt, daß nur die Verwirklichung dieser neuen Art der Gleichheit, der Gleichheit der Interessen aller gegenüber einem Gebote den Einklang dieses letzteren mit dem Prinzip des Gemeinwohls verbürgen konnte. Nur falls in der That alle Gemeinschaftsgenossen bezüglich der Festsetzung oder Nicht-Festsetzung eines bestimmten Gebotsinhalts als eine Interessengemeinschaft auftraten, war es möglich davon abzusehen, daß jeder einzelne vermöge seiner egoistischen Natur bei der Abstimmung nur seinen konkreten Vorteil letztlich bedachte, war es erlaubt, die konkrete Entschließung jedes einzelnen also anzusehen, als ob sie nach der Maxime, die auf das Wohl des Bürgers schlechthin, d. h. aller Bürger, gerichtet ist, wirklich erfolgt wäre.

So ward der neuentdeckte Begriff der Gleichheit das methodische Mittel, vermöge dessen die Rousseausche Rechtsphilosophie über den Egoismus der einzelnen Herr ward, vermöge dessen es ihr gelang, den Grundsatz des Gemeinwohls dort zur siegreichen Geltung zu verhelfen, wo jedem einzelnen in seiner natürlichen Selbstsucht nur seine eigene Lust am Herzen lag. So hat in der konsequenten Fortentwickelung der Gedanken der neue Begriff der Gleichheit über den alten formalistischen den Sieg errungen, und diese neue Auffassung der égalité erhebt nunmehr den Anspruch, in der eigenen Bestimmung des Begriffs von einem „objet particulier" die festen Schranken des Inhaltsbereichs des positiven Rechts endgültig zu bezeichnen. Nicht die formelle Allgemeinheit der Verbindlichkeit, sondern die Einheit der Wirkung auf das Wohl und Wehe sämtlicher Gemeinschaftsglieder entscheidet nunmehr letztlich darüber, ob ein bestimmter Gebotsinhalt ein „objet général" oder „particulier" enthält.

Die formelle Allgemeinheit des Inhalts der Pflicht kann, wie nun sicher erkannt ist, nicht mehr genügen, um eine Beobachtung des Prinzips der volonté générale zu gewährleisten, sondern sogar sie wird als entbehrlich hintangesetzt, wenn nur die égalité in jener neuen Bedeutung und das durch sie bestimmte „objet général" an ihre Stelle tritt. Nur ist freilich diese letzte Stufe der Entwickelung in den vorliegenden Dokumenten der Rousseauschen Sozialphilosophie noch nicht völlig zum Abschluß gelangt. Daß die Allgemeinheit der Verbindlichkeit der Satzung die Beobachtung des Prinzips des Gemeinwohls in der Abstimmung der Gesamtheit nicht verbürge, das freilich läßt sich aus einem eindringlichen Studium des „Contrat social" mit Sicherheit entnehmen, und wird später von uns noch in besondere Untersuchung gezogen werden.[1] Dagegen hat das rechtsphilosophische Hauptwerk Rousseaus diese Gleichheit aller vor dem Gesetz schlechthin zu beseitigen nicht gewagt, freilich wird sich uns bei eingehender Überlegung herausstellen, daß der neue Begriff der égalité das Prinzip der Einheit der durch das Gesetz erzeugten Pflichten im Marke angegriffen und nicht viel mehr als die leere, äußere Form übrig gelassen hat. Es lehrt nämlich Rousseau in dem wichtigen sechsten Kapitel des zweiten Buches des „Contrat social" ausdrücklich, daß zwar der Inhalt des rechtlichen Gesetzes niemals einzelne bestimmte Gemeinschaftsglieder herausheben, wohl aber durch Festlegung genereller Artmerkmale eine Scheidung der Bürger hinsichtlich ihrer Rechte und Pflichten enthalten dürfe. Nur muß natürlich die Realisierung des Gebotsinhalts, mag er auch in der konkreten Anwendung je nach den verschiedenen persönlichen Umständen zu verschiedenen Resultaten führen, für das Wohl und Wehe sämtlicher Gemeinschaftsglieder von gleicher Wirkung sein, seiner Durchführung überhaupt gegenüber müssen sich alle als eine Interessengemeinschaft auffassen lassen. Das ist der Sinn der folgenden Stelle:

„Quand je dis que l'objet des lois est toujours général, j'entends que la loi considère les sujets en corps et les actions comme abstraites jamais un homme comme individu, ni une action particulière. Ainsi la loi peut bien statuer qu'il y aura des privilèges, mais elle n'en peut donner nommément à personne; la loi peut faire plusieurs classes de citoyens, assigner même les qualités qui donneront droit à ces classes, mais elle ne peut donner tels et tels pour y être admis, elle peut établir un gouvernement royal et une succession héréditaire, mais elle ne peut élire un roi ni nommer une famille royale."[2]

Es ist leicht einzusehen, daß diese Lehre mit dem oben dargestellten Begriff der Gleichheit aller vor dem Gesetz, wie ihn Rousseau als ein methodisches Mittel zur Verwirklichung des Prinzips der volonté générale zunächst dachte, kaum in vollen Einklang gebracht werden kann. Zwar kann man wohl auch von einem Gesetz,

---

[1] Vgl. das Kapitel 9 der Gesamtdarstellung.
[2] C. s. II, 6.

welches nicht an den konkreten A., B. und C. etc., sondern an jeden Bürger, welcher bestimmte generelle Merkmale verwirklicht, im Unterschied von den anderen seine Befehle richtet, sagen, daß es sich an das ganze Volk als solches wende und ohne Unterschied jedem einzelnen gebiete, sobald nur in seiner Person die juristischen Thatsachen verwirklicht seien, daß es also (wenn man auf die Einheitlichkeit dieses abstrakt gefaßten „Wenn — so" des Befehls, der von der konkreten Anwendung auf das ihm unterliegende Material noch absieht, das Hauptgewicht legt), allen Bürgern die gleichen Pflichten auferlege (weil er sie ihnen allen unterschiedslos unter einer einheitlichen Bedingung auferlegt); aber es ist doch auch andererseits deutlich, daß je nach dem thatsächlichen Vorliegen der im Gesetz genannten generellen Merkmale in der Person des einzelnen Bürgers, das in Geltungtreten eines solchen Gebots für die einzelnen etwas Verschiedenes bedeuten würde, daß bei einem solchen Getetzesinhalt, sobald man nur seine Anwendung in Erwägung zieht, an sich jedenfalls vermöge dieser Art von formeller Allgemeinverbindlichkeit dasjenige nicht vermieden wird, was gerade vermieden werden sollte, nämlich die thatsächlichen „relations diverses avec divers individus." Wenn z. B. ein reicher Bürger für ein Gesetz stimmt, daß die obersten Ämter im Staate allein den Reichen vorbehält, weil die Folgen dieses Gesetzes für ihn in seiner konkreten Lage günstig sind, so kann es dem Armen wenig frommen, zu wissen, daß auch für ihn dieses Gesetz dieselbe Wirkung hätte, wenn er nur auch reich wäre; thatsächlich trifft ihn ein solches Gesetz ganz anders, wie seinen reichen Gemeinschaftsgenossen, und so erlaubt hier die abstrakte Form des Gebots an sich noch keineswegs die der Abstimmung des Reichen zu Grunde liegende Erwägung: dieses Gesetz ist mir günstig — auch auf die Lage des armen Bürgers zu übertragen. Eine Identifizierung des Wohls des einen mit dem des anderen bezüglich solcher Gesetze und ebendamit eine Gleichsetzung des Inhalts der egoistischen Maximen aller einzelnen Abstimmenden ist gerade hier an sich keineswegs gestattet, und so kann die formale Gleichheit aller vor dem Gesetz als solche hier jedenfalls niemals ihre methodische Aufgabe lösen, nämlich es zu ermöglichen, die thatsächlich nur den eigenen Vorteil jeweilig letztlich erwägenden Maximen der einzelnen unter dem einheitlichen Gesichtspunkt des Wohles des Bürgers überhaupt, d. h. des Wohles aller, zu erwägen. Daß freilich auch solche Gesetze thatsächlich für das Wohl und Wehe aller trotz aller Verschiedenheit der Wirkung im einzelnen letztlich dasselbe bedeuten können, wird damit mit nichten in Abrede gestellt, und so ist in der That diese Einschränkung der formalen Allgemeinheit auf ihr leeres äußeres Gewand ein sicherer Beweis dafür, daß in der endgültigen Gedankenentwickelung die égalité in dem letztbesprochenen Sinne es ist, welche die Synthese zwischen volonté de tous und volonté générale letztlich ermöglicht und gewährleistet. Damit aber sind auch die Bedingungen erfüllt, unter denen in der Welt der Erfahrung ein sicheres Organ der volonté générale entdeckt und die Möglichkeit einer Beherrschung von Menschen durch Menschen überhaupt gewährleistet ist. Es giebt nach Rousseau keinen anderen Weg, um in der Welt der Thatsachen dem natürlichen Egoismus der Menschen zum Trotz dem Prinzip der volonté générale zum Siege zu verhelfen. Das ist der Grund, aus welchem Rousseau, im „Contrat social", wo es sich um die thatsächlichen Existenzbedingungen des positiven Rechts handelte, unter volonté générale schlechthin versteht das Organ dieser Herrschaftsmaxime, d. h. die aus der Abstimmung aller über einen Gegenstand von gemeinsamem Interesse hervorgehende Willenseinheit aller oder der Majorität.

So hat denn unser Autor jener nach einer rechtlichen Ordnung suchenden Gemeinschaft die richtige Straße aufgewiesen: der Gesetzgeber von Fleisch und Blut ist entdeckt; die unbedingte Unterwerfung unter die „suprême direction de la volonté générale", wie sie der Inhalt des contrat social verlangte, sie bedeutete nicht nur einen leeren Hinweis auf eine Maxime, sondern sie bezeichnete auch zugleich den lebendigen Vertreter dieses Prinzips, die Gesamtheit als souveränen Träger der Herrschaft.

„Quand tout le peuple statue sur tout le peuple, il ne considère que lui-même, et s'il se forme alors un rapport, c'est de l'objet entier sous un point de vue à l'objet entier sous un autre point de vue sans aucune division du tout. La matière, sur laquelle on statue, est générale comme la volonté qui statue. C'est cet acte que j'appelle une loi".[1]

Und damit ist die Kardinalfrage der Rousseauschen Sozialphilosophie gelöst: Die Definition des Gesetzes ist auf methodischem Wege gefunden und ebendamit sind die allgemeingültigen Bedingungen aufgezeigt für die Möglichkeit einer rechtlichen Gemeinschaft überhaupt:

„Et qu'est-ce qu'une loi? C'est une déclaration publique et solennelle de la volonté générale sur un objet d'interêt commun."[2]

---

[1] C. s. II, 6.
[2] Lettre 6me de la montagne p. 127.

Noch einmal wird uns der methodische Grundgedanke Rousseaus in seiner einheitlichen Konsequenz und Schärfe deutlichst ins Bewußtsein zurückgerufen, wird uns die Tragweite der Aufgabe und systematische Geschlossenheit ihrer Lösung offenbar, wenn wir in den folgenden Worten Rousseaus gleichsam den Kern seiner Philosophie nunmehr zu erkennen imstande sind:

„Puisque rien n'oblige les sujets que la volonté générale, nous rechercherons, comment se manifeste cette volonté, à quels signes on est sûr de la reconnaître, ce que c'est qu'une loi et quels sont les vrais caractères de la loi. Ce sujet est tout neuf: la définition de la loi est encore à faire."[1]

In der Lösung dieser „neuen" Aufgabe hat die neue Wissenschaft von „droit politique" ihre Fruchtbarkeit erwiesen. In der Definition der „loi", als der „déclaration de la volonté générale" ist die lange gesuchte pflichterzeugende Menschenentsatzung entdeckt, die öde Skepsis des Anarchismus endgültig überwunden, die Bedingungen der freiheiterhaltenden Menschenherrschaft nachgewiesen.

Denn was bedeutet es denn im Rahmen dieses Systems, daß Rousseau das Gesetz schlechthin bestimmte als die Erklärung des allgemeinen Willens? Mit diesem strikten Hinweis auf die volonté générale als das das Wohl aller vertretende Prinzip, ist doch wohl nicht nur eine philosophische „Idee" des Rechts gemeint, eine Forderung ausgesprochen, ein Gesichtspunkt angegeben, nach welchem der Inhalt des Rechts auf seine Güte hin bestimmt und gewertet werden müsse. Es wird doch der contral social seine fundamentale Aufgabe nicht vergessen, uns in der Definition des Gesetzes einen Maßstab der Beurteilung des konkreten Inhalts alles möglichen positiven Rechts geliefert haben, während er die nackte Existenz menschlicher Herrschaft überhaupt und die sicheren Grundlagen ihrer Möglichkeit aufzuweisen die Pflicht hatte.

Unser Argwohn ist unbegründet, auch bei Rousseau ist der Begriff des Gesetzes als Formalbegriff gedacht, der sich unabhängig stellen will von dem möglichen Inhalt des Gebots. Es ist eine Stelle in dem oben citierten 4. Kapitel des 2. Buchs der Genfer Handschrift des „Contral social", welche uns schon hier, bevor wir noch den weiteren Aufbau des Systems verfolgen, in dieser Frage volle Sicherheit geben kann:

„ Or la specification des actions qui concourent à ce plus grand bien par autant de lois particulières, est ce qui constitue le droit étroit et positif."[2]

---
[1] Émile, l. 5, p. 158.
[2] Dreyfuss, a. a. O. p. 289.

Das heißt: die Definition der „loi" ist die des positiven Rechs überhaupt.

Nicht als ob etwa das Rousseausche „droit étroit et positif" den Anspruch erhebe, den gemeinsamen Oberbegriff darzustellen für alle thatsächlichen Herrschaftsformen, wie sie die soziale Geschichte im bunten Wechsel dem Beschauer vor Augen führt. Nur den formalen Geltungsanspruch, der selbstherrlich dem Willen der Unterstellten gegenübertritt, hat die Rousseausche „loi" mit allen den sozialen Normierungsweisen gemein, denen der gemeine Sprachgebrauch von damals und heute, denen selbst die positive Jurisprudenz als Wissenschaft der Namen des Rechts nicht versagt. Nicht jeder thatsächliche Befehl, von Menschen an Menschen gerichtet, ist nach Rousseau ein Rechtsbefehl, der Begriff des positiven Rechts ist enger zu fassen und nur in dem Grade der Beschränkung und Eingrenzung unterscheidet sich Rousseau von der Methode, die gemeinhin die Rechtsphilosophie bei der Begriffsbestimmung des positiven Rechts verwendet hat. Eben in dieser Definition liegt aber der bewußte Radikalismus der Rousseauschen Lehre begründet. Der Inhalt des contral social, der die Begriffsbestimmung des positiven Rechts lehren will, ermöglicht damit eine Scheidung aller empirisch möglichen sozialen Normierungsweisen nicht etwa in gutes und schlechtes (doch gleichfalls verbindliches) Recht, sondern in Recht einerseits und Willkür andererseits. Die Konsequenz eines Widerspruchs mit der Definition des Rousseauschen Gesetzes ist nicht die Feststellung eines sittlich schlechten Rechts, sondern die Negation rechtlicher Gemeinschaft überhaupt, die Proklamierung des Naturzustands. Wer immer einer Herrschaft unterworfen wird, deren Gebote nicht die Erklärungen des allgemeinen Willens sind, dem gebietet nicht etwa die Rechtspflicht etwas, was die Moral untersagt, sondern sein Gehorsam ist überhaupt nicht mehr Gegenstand juristischer Beurteilung, die nach den thatsächlichen Wirkungen roher Gewalt an und für sich noch gar nicht fragt.

Man ist sich der systematischen Bedeutung der Begriffsbestimmung des Rechts bis dato vielleicht nicht immer in voller Schärfe bewußt geworden; sonst hätten z. B. diejenigen, welche das Begriffsmerkmal des Ethischen in die Definition des Rechts aufnahmen,[1] bemerkt, daß sie eben damit einen guten Teil der ge-

---

[1] Vgl. z. B. Sohm: „Institutionen des röm. Rechts" 1891. S. 14: „Recht ist das machtverteilende ethische Gesetz des menschlichen Gemeinlebens". Felix Dahn: „Der Begriff des Rechts" S. 5: „Das Recht ist die vernunftgeforderte Friedensordnung einer Menschengemeinschaft in ihren äußeren Beziehungen zu den Menschen und zu den Sachen." Zurleder: „Kirche und

schichtlich gegebenen sozialen Normierung aus dem Bereich der rechtlichen Beurteilung schlechthin austilgten, kurz eine Lehre verfechten, deren Radikalismus der Rousseauschen Theorie mit nichten nachsteht; die Rousseausche Sozialphilosophie in ihrer einheitlichen Konsequenz ist ein treffliches Mittel, um sich die systematische Bedeutung einer folgerecht durchgeführten Definition des Rechts zu vergegenwärtigen.

Schon die Methode, vermöge welcher unser Philosoph eine Begriffsbestimmung des positiven, d. h. von Menschen gesetzten Rechts, zu erreichen sucht, sein souveränes Hinausschreiten über die Einzelthatsachen der sozialen Geschichte ließ den Radikalismus jenes Systems erkennen: Dorten nur thatsächlicher Befehl und thatsächlicher Gehorsam, wir aber suchen die pflichtenerzeugende Menschensatzung. Und stufenweise schreitet die farblose Nominaldefinition zur Realdefinition fort: Es ist die dem „droit naturel" entsprechende Gebotssatzung, d. h. die freiheiterhaltende Normierung, die Herrschaft in Gemäßheit des Grundsatzes der volonté générale. Doch Rousseau genügte es nicht, die Richtung auf ein praktisches Ziel zum Begriffsmerkmal des positiven Rechts zu erheben. Man könnte vielleicht in der Subsumtion lax verfahren, jene schöne Definition im Eifer der praktischen Anwendung nicht streng durchführen und am Ende dennoch wieder zur alten Methode zurückkehren: „d'établir le droit par le fait".

Dem gilt es vorzubeugen, und kühn entschlossen nimmt das Rousseausche „droit politique" die sichere Quelle der Verwirklichung der volonté générale auf in den Begriff des positiven Rechts.

Darin besteht in der That der häufig mehr dunkel empfundene als sicher erkannte Radikalismus dieser Sozialphilosophie, daß sie es wagt, eine einzelne genau bestimmte Entstehnngsart menschlicher Satzung zum Begriffsmerkmal alles möglichen positiven Rechts zu erheben. Die Realdefinition wird erst möglich durch sichere Bezeichnung des einen Urhebers aller rechtlichen Befehlsgewalt. Es giebt kein positives Recht, es sei denn das Gebot der Gesamtheit über einen Gegenstand von gemeinsamem Interesse. Man kann das Recht nicht definieren, ohne damit zugleich seinen Urheber in Sicherheit zu bestimmen, seinen Schöpfer, d. h.

Recht", Bern 1895: „Das Recht ist die vernünftige und naturnotwendige mit Zwang ausgerüstete Normierung der Lebensverhältnisse." — Das ist etwa der naturrechtliche Standpunkt des Althusius, wenn dieser definiert: „Jus proprium nihil aliud continet quam praxin naturalis communis juris politiae alicui speciali accomodatum" („Politica" cap. 21). Aber freilich man hat hier überall die Konsequenzen nicht gezogen, vor denen der geschlossene Radikalismus eines Rousseau in der That nicht zurückscheute.

den Träger der Souveränität. Denn Souveränität und Gesetzgebungsgewalt ist nach Rousseau ein und dasselbe, der „souverän" ist der Urheber der „lois"[1] und, und um es hier gleich vorwegzunehmen, er ist als Souverän nichts als eben dies.

Daß hiermit das Rousseausche droit politique der Montesquieuschen Lehre von der Koordination der „puissance législative, puissance exécutrice und puissance de juger"[2] widerspricht, ist augenscheinlich, doch darf bei einer Vergleichung der beiden Männer niemals außer acht gelassen werden, daß sich der feinsinnige und geistreiche Rechts- und Kulturhistoriker Montesquieu selbst dorten, wo sich unter der Darstellung eines gegebenen öffentlichen Rechts die politische Tendenz unschwer erkennen läßt, eine ganz andere wissenschaftliche Aufgabe gestellt hat, als der Schöpfer der nouvelle science du droit politique, der Rechtsphilosoph Rousseau.

Daß es mit der bloßen Festsetzung rechtlicher Gebote allein nicht gethan ist, daß es auch gilt, diese innerhalb der Gemeinschaft anzuwenden und durchzuführen, hat auch unser Autor dem „illusten Montesquieu"[3] bereitwilligst zugestanden, aber er erkannte schärfer als sein großer Vorgänger, daß der positiv rechtliche Begriff der Souveränität in der Machtvollkommenheit wurzele, unabhängig von dem Willen anderer Gewalten in eigener, durch drittes Gebot und Satzung keineswegs bedingter Entschließung zwingender Gebote an Menschen zu erlassen. Das aber kann nur der Gesetzgeber, nicht der Träger der richterlichen und verwaltenden Gewalt, deren Thätigkeit vielmehr in den allverbindlichen Vorschriften der Gesetze eine notwendige und unüberschreitbare Schranke findet.[4] Damit aber ist

---

[1] Vgl. „du souverain dont tous les actes ne peuvent être que des lois." C. s. III, 1. „Le souverain n'ayant d'autre force que la puissance législative, n'agit que par des lois." C. s. III, 12. „Le pouvoir législatif, qui est le souverain." Lettre 6me de la mont. p. 126. — „les actes du souverain ne peuvent être que des actes de volonté générale, des lois." Emile l. 5me p. 159. — „Et qu'est-ce qu'une personne publique? Je réponds que c'est un être moral qu'on appelle souverain à qui le pacte social a donné l'existence et dont toutes les volontés portent le nom de lois." Dreyfuss, a. a. O. p. 308.

[2] Vgl. das berühmte chap. 6 des 11. Buchs des „Esprit des lois" und darüber die verdienstvolle Schrift von Max Landmann: „Der Souveränitätsbegriff bei den französischen Theoretikern von Jean Bodin bis auf Jean Jacques Rousseau", Leipzig 1896, bes. S. 112 ff.

[3] Emile l. 5. p. 153.

[4] Bezügl. Montesquieus vgl. Esp. d. lois XI, 6: „les deux autres pouvoirs (die gesetzg. und die exekutive) pourraient plutôt être donnés à des magistrats ou des corps permanents, parce qu'ils ne s'exercent sur aucun particulier, n'étant l'un que la volonté de l'Etat, et l'autre que l'exécution de cette volonté générale." So wenig wie Montesquieus wenig durchsichtiger Begriff der volonté générale sich mit dem Rousseauschen vergleichen läßt, so wenig stimmt die puissance exécutrice überein mit der puissance exécutive Rousseaus

deutlich, daß andrerseits der Träger der Souveränität, da er mit dem Träger der Gesetzgebungsgewalt zusammenfällt, niemals befugt ist, über Anwendung von Gesetzen, d. h. über „actes particuliers" zu befinden, „qui ne sont point du ressort de la loi ni par conséquent de celui du souverain dont tous les actes ne peuvent être que des lois."[1]

Damit aber ist die Handhabung und Durchführung der Gesetze im einzelnen von einem unmittelbaren Eingreifen des Trägers der Souveränität gesichert. Es ist eine einzige[2] Stelle in Rosseaus

(was wir noch später zu besprechen haben werden); der Montesquieusche Begriff ist viel eingeschränkter als der Rousseausche, jenes Exekutivgewalt soll es nur zu thun haben mit den „choses qui dépendent du droit des gens", sie schließt Krieg und Frieden, schickt und empfängt Gesandte, hindert feindliche Einfälle, sorgt aber auch (was sich kaum mit der obigen allgemeinen Definition verträgt) für Sicherheit schlechthin; dabei soll sie sich merkwürdigerweise nie gegen einen einzelnen richten; die Rousseausche Exekutive dagegen schließt die richterliche und im gewöhnlichen Sinne verwaltende Gewalt in sich, „cette puissance ne consiste qu'en des actes particuliers". C. s. III, 1. Vgl. vorläufig lettre 6me de l. mont.: „Le pouvoir législatif qui est le souverain a donc besoin d'un autre pouvoir qui exécute, c'est-à-dire qui réduise la loi en des actes particuliers. Ce second pouvoir doit être établi de manière qu'il exécute toujours la loi et qu'il n'exécute jamais que la loi." — Von einer solchen unbedingten Abhängigkeit der Exekutive von der Gesetzgebung ist Montesquieus vermittelnder Sinn weit entfernt. Bezüglich der puissance de juger scheut Montesquieu die Konsequenz nicht. Man vgl. die treffliche Bemerkung: „Mais les juges de la nation ne sont, comme nous avons dit, que la bouche qui prononce les paroles de la loi, des êtres inanimes qui n'en peuvent modérer ni la force ni la rigueur." Auch von der Exekutive im engeren Sinne heißt es zwar: „l'éxécution ayant ses limites par sa nature, il est inutile de la borner"; aber wenn man liest, daß diese scheinbar nur zur Vollziehung der Gesetze bestimmte Gewalt dennoch die Macht haben soll, die Legislative bindend zu beschränken, so lernt man die Konsequenz eines Rousseau doppelt schätzen und begreift seinen Ausspruch: „Mais faute d'avoir fait les distinctions nécessaires, ce beau génie a manqué souvent de justesse, quelquefois de clarté." C. s. III, 14. Den speziellen Grund dieser Polemik werden wir noch kennen lernen, an dieser Stelle sei nur noch ein Beispiel für die von Montesquieu vertretene Abhängigkeit der Gesetzgebungsgewalt von der Exekutive citiert, zu deren Begründung sich auf die sonst illusorische Koordination der drei Gewalten berufen wird: „Si la puissance exécutrice n'a pas le droit d'arrêter les entreprises du corps législatif, celui-ci sera despotique; car comme il pourra se donner tout le pouvoir qu'il peut imaginer, il anéantira toutes les autres puissances." ibidem.

[1] C. s. III, 1.

[2] Man kann es kaum als Inkonsequenz und Ausnahme bezeichnen, wenn Rousseau sich gelegentlich dagegen wendet, daß die Begnadigung nach dem Gesetze schuldiger Verbrecher einem anderen als dem Souverän zustehen könne. Denn Rousseau lehrt hierüber nur, daß, wenn überhaupt Ausnahmen bei der Anwendung von Gesetzen zulässig sein sollten, jedenfalls nur der Urheber des Gesetzes selbst im einzelnen Falle darüber bestimmen könnte. Aber

rechtsphilosophischen Auseinandersetzungen, von der man wohl annehmen könnte, daß sie dieser Konsequenz zu entbehren scheint. Man wird den Montesquieuschen Einfluß[1] nicht verkennen, der sich in einer Äußerung im siebenten der Briefe vom Berge findet:

„Le pouvoir législatif consiste en deux choses inséparables; faire les lois et les maintenir; c'est à dire avoir inspection sur le pouvoir exécutif. Il n'y a point d'État au monde, où le souverain n'ait cette inspection. Sans cela toute liaison, toute subordination manquant entre ces deux pouvoirs, le dernier ne dépendrait point de l'autre; l'exécution n'aurait aucun rapport nécessaire aux lois; la loi ne serait qu'un mot et ce mot ne signifierait rien."[2]

Wir mußten schon hier, wo es sich um die Begriffsbestimmung der Rousseauschen Gesetzgebungsgewalt und damit der Souveränität handelt, auf diese Stelle hinweisen; ein abschließendes Urteil können wir erst fällen, nachdem der Begriff der Regierung im Rousseauschen Sinne besprochen sein wird. Gegenüber der sonst mit strenger Konsequenz überall festgehaltenen Lehre von der Beschränkung der Gewalt des Souveräns auf die Statuierung der Gesetze kann es sich höchstens um eine einzelne Inkonsequenz handeln, die den prinzipiellen Standpunkt in der hier zur Erörterung stehenden Frage nicht aufheben kann.

Wir halten also daran fest, daß die Frage nach dem Träger der Souveränität im Rousseauschen Sinne identisch ist mit der Frage nach dem Träger der gesetzgebenden Gewalt. Sie ist der Wille, die Exekutive nur dessen Ausführung. Das haben freilich nach Rousseau alle diejenigen verkannt, welche die Souveränität nach ihren Aufgaben teilten:

---

ein dahin gehendes Recht des Souveräns wird trotzdem nicht deutlich zugebilligt: „Encore son droit en ceci n'est-il pas bien net et les cas d'en user sont-ils très rares." Aber immerhin muß gesagt werden, daß Rousseau ein Begnadigungsrecht dem Souverän schlechthin hätte nach seinen Grundsätzen absprechen müssen, statt es in einzelnen Fällen, wenn auch sehr widerwillig und nicht bestimmt, zuzulassen.

[1] Vgl. Esp. des lois XI, 6: „Mais si dans un État libre, la puissance legislative ne doit pas avoir le droit d'arrêter la puissance exécutrice, elle a droit et doit avoir la faculté d'examiner de quelle manière les lois qu'elle a faites, ont été exécutées." Aber die empirisch praktische, realpolitische Tendenz des Satzes zeigt sich sofort deutlich darin, daß diese Art des Verhältnisses der beiden Gewalten nur als ein Vorteil bezeichnet wird. Zwar findet sich auch die Rousseausche These inmitten einer Erörterung der konkreten Verfassungsverhältnisse Genfs, aber allen Anschein nach wollte Rousseau dennoch hier eine allgemeingültige Begriffsbestimmung der gesetzgebenden Gewalt geben.

[2] Oeuvr. compl. l. 8 p. 145.

„Cette erreur vient de ne s'être pas fait des notions exactes de l'autorité souveraine et d'avoir pris pour des parties de cette autorité ce qui n'en était que des émanations."[1] Und wem kommt es zu, die Souveränität auszuüben, d. h. die Gesetze zu erlassen? „On voit à l'instant qu'il ne faut plus demander à qui il appartient de faire des lois, puisqu'elles sont des actes de la volonté générale."[2] Mit anderen Worten: der Begriff des Gesetzes enthält schon seinen Urheber; denn das dem Naturrecht entsprechende Menschengebot kann nur gewährleistet werden als ein Produkt des einzigen zuverlässigen Trägers des Grundsatzes der volonté générale, als das Erzeugnis des Willens der Gesamtheit, insofern sie eben als treues Organ dieses Prinzips würdig ist, selbst den Namen ihrer Maxime zu führen, den Ehrentitel der „volonté générale".

---

[1] C. s. II, 2. Vgl. auch die folgenden Worte: „Ainsi par exemple on a regardé l'acte de déclarer la guerre et celui de faire la paix comme des actes de souveraineté, ce qui n'est pas, puisque chacun de ces actes n'est point une loi, mais seulement une application de la loi, un acte particulier qui détermine le cas particulier de la loi." Ebenso lettres écr. d. l. mont. l. 7me p. 145.

[2] C. s. II, 6.

Thesen.

1. Der Unterschied zwischen Rechts- und Moralgesetz bezieht sich nicht auf die Eigenart der befohlenen Handlungen, sondern auf den jeweiligen Geltungsanspruch der beiden Normenarten.

2. Der Fortschritt von Locke auf Rousseau vollzieht sich an der Hand der allmählichen Loslösung des Begriffs vom Recht vom Begriff des Privateigentums.

3. Die Unterscheidung der Mitthäterschaft von der Gehilfschaft nach geltendem Reichsstrafrecht betrifft nicht die Willensrichtung, sondern das Maß der Mitwirkung an der Ausführungshandlung.

4. Die Frage, ob das Hinzufügen von neuen Gedankenzeichen auf eine Urkunde, deren bisherige Zeichen unversehrt bleiben, eine fälschliche Anfertigung oder die Verfälschung einer Urkunde enthält, beantwortet sich unter ausschließlicher Erwägung des Umstands, ob der bisherige Inhalt der Urkunde gemäß der jeweilig anzuwendenden Interpretationsweise als vernichtet erscheint oder nicht.

5. Die Lehre, daß bei einem Kauf nach Probe die Beweislast bezüglich der Probemäßigkeit der Ware nach Handelsrecht sich umdrehe, falls die Probe durch die Schuld des Käufers abhanden kommt, ermangelt der Begründung.

6. Der § 296 des Handelsgesetzbuchs bezieht sich nicht auf den Fall der Fälschung.

Lebenslauf.

Franz Haymann, Kgl. preußischer Referendar, geboren am 27. August 1874 zu Frankfurt a. M., evangelischer Konfession. Nachdem ich Ostern 1893 von dem Kgl. Wilhelmsgymnasium zu Cassel das Zeugnis der Reife erlangt hatte, widmete ich mich auf den Universitäten Lausanne, Halle, Straßburg und Berlin dem Studium der Jurisprudenz und Philosophie, ward im November 1896 nach bestandenem Examen zum Referendar ernannt und dem Kgl. Amtsgericht Allendorf a. W. überwiesen. Den Winter 1896/97 verbrachte ich auf Urlaub auf der Universität Marburg zum Zweck der Ergänzung philosophischer Studien.